大匠之门·齐白石研究 第十二辑

湘潭齐白石纪念馆 编

湖南人民出版社

顾　　　问：刘永珍　丁　诚
学术顾问：（按年龄顺序）
　　　　　郎绍君　刘曦林　敖普安　李季琨
　　　　　朱训德　陈履生　王鲁湘　尚　辉
策　　　划：张湘汉
主　　　编：伍　剑
执行主编：王奇志
副　主　编：姜向东
执行副主编：尹　军　周　倩
编　　　委：（按姓氏笔画排序）
　　　　　龙建中　刘　青　刘启坤　刘剑桦
　　　　　严翠媛　李映平　李独伊　陈　杰
　　　　　易　红　罗　虹　周　倩　周建雄
　　　　　蒋　舸　韩佳宁　楚卫锋

卷首语

今年是艺术巨匠齐白石诞辰一百五十八周年，本刊出版，洵可谓心香一瓣，遥仰先贤。

一个民族自立于世界民族之林，离不开民族的自信心。而民族的自信心有其思想和人文轨迹，即对民族文化的重要代表人物和优秀传统应当有比较全面的了解并进行深入研究和广泛传播。

一个国家的历史需要记录，文化艺术同样如此。《大匠之门·齐白石研究》秉承文献性、真实性原则，竭力客观还原一代巨匠齐白石艺术人生的原貌，从宏阔的历史维度对他所经历的时代给予不同视角的再现和解读，为读者开启一扇连接齐白石心路历程与中国近现代文化艺术史的大门。

《大匠之门·齐白石研究》自创刊以来，得到了全国广大专家学者和艺术家们的热忱关注和大力支持，在此深致谢忱。本辑内容，侧重于齐白石的交游行止。吕晓、陈雅婧、韦昊昱、潘莉、唐风、萧建民、尹军等，分别用翔实的史料厘清齐白石与瑞光、王闿运、姚茫父、姚石倩、黎松庵、黎锦熙、黎丹、谢梅奴等师友弟子的过从始末。此外，还刊发了孙田、吴炬、何歌劲、萧璐佳、罗虹等撰写的文章。他们或考据齐白石的印作，或列述齐白石早期在家乡的行迹，或昭表齐白石在抗战时期的凛然大义，或对齐白石的艺术特色与艺术精神予以解读。虽然他们选题不一，视角各异，但字里行间无不流露出对齐白石由衷的崇敬之情。

齐白石的艺术成就、人生经历、精神高度，彰显了中华民族文化在这个时代所能达到的高度，不仅有艺术史和文化史上的价值，而且有人文思想美学上的划时代性贡献，可以更加坚定我们的文化自信和实现中华民族伟大复兴的意志。

一个国家文化事业的繁荣与发展，既需要广大艺术家的努力，也需要大师巨匠的引领。深入研究巨匠，弘扬巨匠精神，无疑是本刊责无旁贷的历史责任。本刊希望得到四海方家一如既往的关心与支持，希望大家同心携手，将齐白石研究推向新的广度与深度，以无愧于时间、无愧于时代。

张湘汉

目录

齐白石与佛门弟子瑞光交游初探/吕晓/001

饱谙世味思餐菊，深省交情慎寄书
——齐白石致姚石倩书信三题索解/韦昊昱/014

齐白石与黎松庵、黎锦熙交往考/潘莉/033

郭小石笔下那份白石情结/萧建民/045

齐白石与南泉黎丹交游考/唐风/058

身份偏见与话语权转移——齐白石姚茫父交游研究/陈雅婧/079

平生有债都偿遍　但欠梅花数首诗——试析谢梅奴与齐白石交游/萧璐佳/096

齐白石与王闿运的师生关系新考/尹军/107

齐白石作"江瀚"印小考/孙田　吴炬/153

自有太平时候——记抗战时期的齐白石　/齐驸/157

齐白石家乡行迹述略/何歌劲/164

画吾自画自合古——试析齐白石艺术创新的动力源泉/罗虹/181

湘潭齐白石纪念馆藏齐白石师友弟子作品选　/187

稿约　/247

齐白石与佛门弟子瑞光交游初探

吕晓

内容提要：瑞光是齐白石极为器重的佛门弟子，但对其生平和艺术，画史记载极少。文章通过翔实的图文资料，揭示齐白石与瑞光交往的各种细节。齐白石初到北京不为人认可，已经在佛教界和画界享有盛名的瑞光却拜其入门下，并向其学习绘画，事师甚笃，齐白石亦厚遇之，将之视为自己的传人。两人亦师亦友，教学相长。他们都推崇石涛，尚独创，齐白石对瑞光的刻丝山水和人物画都有借鉴。

关键词：齐白石；瑞光；交游；刻丝山水

民国二十一年（壬申·一九三二），我七十岁。正月初五日，惊悉我的得意门人瑞光和尚死了，他是光绪四年戊寅正月初八日生的，享年五十五岁。他的画，一生专摹大涤子，拜我为师后，常来和我谈画，自称学我的笔法，才能画出大涤子的精意。我题他的画，有句说："画水勾山用意同，老僧自道学萍翁。"我对于大涤子，本也生平最所钦服的，曾有诗说："下笔谁教泣鬼神，二千余载只斯僧。焚香愿下师生拜，昨夜挥毫梦见君。"我们两人的见解，原是并不相背的。他死了，我觉得可惜得很，到莲花寺里去哭了他一场，回来仍是郁郁不乐。我想，人是早晚要死的，我已是七十岁的人了，还有多少日子可活！这几年，卖画教书，刻印写字，进款却也不少，风烛残年，很可以不必再为衣食劳累了，就自己画了一幅《息肩图》，题诗说："眼看朋侪归去拳，哪曾把去一文钱。先生自笑年七十，挑尽铜山应息肩。"可是画了此图，始终没曾息肩，我劳累了一生，靠着双手，糊上了嘴，看来，我是要劳累到死的啦！

这是齐白石在《白石老人自述》1932年开篇的回忆。一位弟子的离世，竟然让老人痛哭不已，心生息肩之想。齐白石的《息肩图》不存，幸运的是他的女弟子王妙如曾临摹过一幅。（图1）画中一饱经风霜的白发老者，放下扁担和竹筐，脱掉一只草鞋，双手环抱于胸前，跷腿坐于石上歇息，头转向右侧，面露愁容。白石老人在画上题："息肩图。眼看友朋归去拳，那曾带去一文钱。先生头白劳何苦，挑尽铜山应息肩。

图1 息肩图 王妙如 尺寸不详 见《王妙如女士书画册》，1937年印行

妙如弟画，白石题字。"诗文与《白石老人自述》中略有不同。

齐白石的门人瑞光和尚究竟是谁？

一、瑞光其人

瑞光在画史上留下的记录极少。从齐白石的记录来看，瑞光生于光绪四年戊寅（1878）正月初八日，比齐白石小14岁，逝于民国二十一年（1932）正月初五，还有三天55岁。除了自己的父母亲人之外，瑞光是《白石老人自述》中唯一完整记录生卒年月日之人。齐白石论及两人同好石涛山水，以及对他艺术的评价，但未述及更多信息。幸运的是，瑞光去世5天后，非厂（齐白石的另一位弟子于非闇）在《北平晨报》上发表了一篇追忆瑞光的短文《雪厂上人》。

雪厂上人

非 厂

在二十年前闻人称有瑞光和尚者，其画笔，今世之苦瓜和尚也，见其画益奇之。以为称者不虚。其时得其残册，豪放肆恣，俨然大涤子，自后数遇其画，其所入无一笔非大涤子，而其人幼失学，所蕴藏不必有国破家亡牢愁抑郁，若不可一世者托于画一一写之；而其人为北京人，非阀阅，更非生长于三吴两浙间，而其人不幸而遁身空门，于寂静清空讽诵礼忏之余，独不走门第，传布施；而其人役役于苦瓜，垂三十余年，南北知名，而独以穷死，则其人诚有大过人者。吾不通佛学，于佛之理茫昧无以视其归，而上人于佛之外，独以画为时所知，亦良足慰矣。往者白石山翁拓印草，命吾与上人董理其事。上人事白石山翁独诚，翁遇上人亦独厚。山翁平生罕写山水，独为吾友黄蛰庐写大屏十二帧，绝奇。上人见此屏，尽一日夜临橅维肖，鬻日人，得二百金。得者持与山翁请署款，山翁莫能辨，误为吾友市画于日人也。挽近写山水者，群以大涤子为师，喜收藏者，亦以得大涤子相耀炫。上人摹大涤子，所入者是，而犹有北方厚重之气，未能有所出。故所作不能得高值，非若某君之动辄千万也。然而其真实本领，窃谓不在某君下，遇不遇，适以成其为上人而已。吾识上人久，迄今初未一晤谈，山人每与友谈，谓观吾所好嗜，乃大类世家纨绔子。颇有疑，去岁拟往谒，未果。上人许为吾画，卒亦莫可得，而上人竟以穷死矣。

这短短不足六百言之文，让我们初步了解了瑞光。民国年间画坛有学习石涛的风尚，于非闇认为瑞光摹大涤子，取向是对的，但作品中还保留着北方特有的厚重之气，也没有从石涛作品中走出新路来，所以作品卖不上好价格。这大概是瑞光"穷死"的原因。"遇不遇",或许是瑞光的不幸,但这种不好的运气也恰好使得瑞光成为瑞光(保存厚重之气这一优点)。于非闇还记一轶事:瑞光曾用一天时间临完齐白石1925年为天津富商黄子林所作的山水十二条屏,并以200元卖给日本人,买画者拿去请齐白石题跋,齐白石还以为是黄子林将自己的画卖了。足见瑞光之画得白石老人精髓。奇怪的是,虽然于非闇与瑞光一起"董理"白石印草之事,两人却未谋面,以至误以为"其人为北京人"。其实瑞光是河北衡水人。瑞光初为北京阜成门外大街路北的衍法寺住持,约1924年调入广安门内烂漫胡同的莲花寺任住持。

作为两座古寺的住持,瑞光在社会上也享有较高声誉。1917年重阳佳节,德胜门内净业寺方丈慧安和尚设素馔于该寺涵碧楼,登高雅集,赋诗联咏。众人联句,瑞光独联两句,其后,又赓述七古,陈哲甫还即席而成《赠瑞光慧安两禅师》。

在这次涵碧楼登高雅集中,瑞光还当场画了一幅《涵碧登高图》,名士们纷纷题咏。自此,瑞光的画名便远近皆知了。

民国报刊也不难见到瑞光的记载。最早见于报刊的是《无锡新报》1923年7月13日第4版南湖(廉泉)的《为雪盦上人题衍法访古图二首》。此外,还有近十件山水画。如1926年6月6日《晨报星期画报》第1卷第38期第1页载有瑞光的《山水》图,旁有"燕孙"的注识:"释瑞光,字雪厂,工山水,不落先辈窠臼,其画得于性灵者多,故能以画胜人,有自制印草,文曰:今人摹古,古人摹谁。其抱负可以想见矣。燕孙识。" 1928年9月16日,《北平画报》第7期第4版刊载释瑞光《问石山僧画幅》,旁注:"释瑞光,别号问石山僧,山水宗大涤子,花卉法吴昌硕、李复堂,不尝为人作画,今特介绍与读者一阅,则知该画之妙矣。"可知,瑞光字雪厂,别号问石山僧,山水学石涛,花卉法吴昌硕。从他的印谱看,瑞光还有一些别号,如:"西河老民""看山僧""老雪"等。

二、齐白石与瑞光的交游

　　1917年6月30日，为避家乡的兵匪之祸，齐白石来到北京，寄居在离莲花寺南不远的法源寺。因画风近于八大山人冷逸的一路，懂得的人不多，作品就不易卖得出去，卖画生涯很是萧索。很可能是通过法源寺的住持道阶法师认识了瑞光。1917年11月底，齐白石返乡，1919年正式定居北京，状况仍未获改观，且居无定所，先后寄寓观音寺、石灯庵等寺庙。齐白石虽笑称"与佛有缘"，但观音寺内"佛号钟声，睡不成寐"，石灯庵"老僧又好蓄鸡犬，昼夜不断啼吠声"。张次溪回忆齐白石住在石灯庵时："悬画四壁，待价而沽，住室外面的房檐下，放着一个小白泥炉子，平日烧茶煮饭，冬天搬到屋内，兼作取暖之用。""终日枯坐，很少有人来问津。他为了生计，常给墨盒铺在铜墨盒或铜镇尺上画些花卉山水，刻成花样。所得润金，起初每件只有几角钱，增了几次价，才增到每件两元左右。他还为琉璃厂一带的南纸铺画诗笺，刻板印刷出售。"在这种困境之下，一位在北京画坛已享有盛誉的画僧拜入门下，成为第一位向齐白石学习绘画的入室弟子（此时，虽有姚石倩、张伯任、贺孔才拜齐白石为师，但都是随其习篆刻），齐白石内心在欣喜与感动之余，更多是其内心深处所得到的慰藉。一次瑞光赠画于他，齐白石至衍法寺答谢，特赋诗两首相赠：

阜成门外衍法寺寻瑞光山人（即题上人所赠之画）

　　故我京华作上宾（前朝癸卯年，夏午诒请为上宾。），农髯三过不开门。（曾农髯过访再三，余以病却。曾入门曰：吾已来矣，公何却耶！）今朝古寺寻僧去。相见无言将虱扪。

　　帝京方丈识千官，一画删除冷眼难。幸有瑞光尊敬意，似人当作贵人看。

　　在诗中，齐白石回忆了自己1903年随好友夏午诒初次至京师，被奉为上宾，当时正赴京赶考的曾熙（农髯）三次来访，齐白石误以为他也是势利之人，不愿结交的往事。如今齐白石的画风在北京遭遇冷眼，到衍法寺去访"识千官"的瑞光，瑞光却把他"当作贵人看"，这份"敬意"，对于齐白石是何等珍贵！此后齐白石为瑞光题画赋诗不下十次，瑞光也常去请益，畅谈画理，互相启发，是师生，更是知己。

1926年春二月，齐白石曾为瑞光作《西城三怪图》（中国美术馆藏）（图2），中间侧身而立的僧人为瑞光，正面捻须的白发老者为齐白石，侧面而立者为冯臼。画上有长题记其事：

图2 西城三怪 齐白石 轴 纸本 设色
60.9cm×45.1cm 1926年 中国美术馆藏

余客京师，门人雪庵和尚常言：前朝同光间赵㧑叔、德砚香诸君为西城三怪。吾曰：然则吾与汝亦西城今日之两怪也，惜无多人。雪庵寻思曰：白庵亦居西城，可成三怪矣。一日白庵来借山馆，余白其事。明日又来，出纸索画是图，雪庵见之亦索再画，余并题二绝句："闭户孤藏老病身，那堪身外更逢君。扪心何有稀奇笔，恐见西山冷笑人。""幻缘尘梦总云昙，梦里阿长醒雪庵。不似拈花作模样，果然能与佛同龛。"雪庵和尚笑存。丙寅春二月齐璜。

齐白石在西城居住，与同居西城的冯臼常相往来，而瑞光曾任西城衍法寺住持，三人合称"西城三怪"，白石作画留影，成为画坛又一佳话。

1926年1月6日（乙丑十一月廿二日），齐白石生日，弟子门人贺孔才、杨泊庐、王雪涛、陈小溪、赵大廷、释瑞光进以酒，饮后照影纪事，齐白石作了一首七律诗：

斯世何容身外身，道从寂寞惜诸君。

衰年顾影羸愁色，小技论工负替人。

鬼道柴门天又雪，星塘茅屋日边云。（余居鬼门关侧。余阿爷阿娘居星塘老屋）

明年此日吾还在，对镜能知老几分。

乙丑冬一日乃余生期，雪厂上人集同人饮后为余留影纪事，命题一律。白石山翁。

照片右侧，齐白石还题："雪厂上人与余同寂寞，余以此赠之。心出家僧璜记。"照片中的齐白石身着浅色长袍，这张照片后来又用于1928年胡佩衡为其出版的《齐白石画册初集》，为其较早的影像。参与生日聚会的弟子甚多，不知齐白石是否都赠以照片。这张有齐白石题诗的肖像照能留存下来，的确是一件幸事，也足见瑞光对白石所赠之物的珍惜爱重。

除此之外，齐白石还多次在诗中将瑞光誉为自己的传人。如：

题雪庵背临白石画嵩高本

看山时节未萧条，山脚横霞开绛桃。二十年前游兴好，宏农涧外画嵩高。（癸卯春。余由西安转京华。道出宏农涧。携几于涧外画嵩山图。）

中岳随身袖底深，秦灰百劫幸无侵。何人见后存心膈，岂料高僧作替人。

瑞光临齐白石画作乱真，正如于非闇所言，瑞光临白石山水十二条屏连齐白石本人都认不出来。学齐白石花鸟、篆刻弟子众多，而瑞光独学山水，且两人交往十余年，对于齐白石来说，就弥足珍贵了。

对于事已诚笃的瑞光，白石亦厚遇之。1922年4月，齐白石的10件画作被陈师曾带到日本参加"第二回中日联合绘画展览会"，卖得善价，从此成为"海国都知"的老画家，卖画局面渐渐打开，1926年，基本完成"衰年变法"，经济好转，买下跨车胡同15号（后为13号）的房产（当年购房款为两千银元，据说齐白石曾请瑞光出面，向弟子周铁衡家借500元才买下此宅。）齐白石还先后受林风眠、邱石冥、徐悲鸿等人的邀请至美术院校任教，生活日渐富足。而瑞光所住持的莲花寺规模甚小，经济难免拮据，齐白石开始提携瑞光，为其定润格，介绍卖画，引荐到京华美专任教。

1926年9月10日，齐白石为瑞光作润格（荣宝斋藏）。还亲自牵线搭桥，将自己的好友胡南湖介绍给瑞光。1923年，他在致瑞光的信中云：

雪厂老禅师鉴：顷有友人胡南湖先生在璜处见公为作山水，最称叹不已。此君真能赏鉴美恶，平生所藏绝无古人伪本，所好吴岳老以外，惟璜而已。意欲偕璜谒公。璜想公素知不妄举步，非好友雅趣事亦不得介绍，敢代约夏历十一月十二日下午二时偕胡君同来尊衍法寺相见也，不一一。齐璜揖。十一月十日。

后来，瑞光便以仿宋刻丝山水为胡南湖作《野径行吟图》，齐白石亲自在画上篆写画名。1929年此画与吴昌硕、齐白石的画作一起由胡南湖发表在《华北画刊》第2期，与"南吴北齐"并列，以此提高瑞光画名，很可能出自齐白石的建议。后来瑞光还多次为胡作画，如1926年七月作仿石涛《山水》，齐白石亦亲为题跋："丙寅1926秋七月中僧瑞光为南湖仁弟画。兄齐璜书款识。"

齐白石对瑞光的仿宋刻丝山水赞叹不已，常向朋友介绍引荐。他还请日本友人伊藤为雄为瑞光卖画：

伊藤仁弟鉴：承所定之画已画成，决星期日七点钟以后，送来弟处，请弟在家候我为幸。再者，并有瑞光和尚之画数幅，请弟介绍出卖也。小兄白石字。

齐白石还引荐瑞光到京华美专任教。他在《白石老人自传》中回忆道：

（1926年）我自担任艺术学院教授，除了艺院学生之外，以个人名义拜我为师的也很不少。门人瑞光和尚，从阜成门外衍法寺住持，调进城内，在广安门内烂漫胡同莲花寺当住持，已有数年，常到我处闲谈。他画的山水，学大涤子很得精髓，在我门弟子中，确是一个杰出人才，人都说他是我的高足，我也认他是我最得意的门人。……我的学生邱石冥，任京华美术专门学校校长，请我去兼课，我已兼任了不少日子。曾向石冥推荐瑞光去任教，石冥深知瑞光的人品和他的画格，表示十分欢迎。京华美专原是一所私立学校，权力操在校董会手里，有一个姓周的校董，是个官僚，不知跟瑞光为了什么原因，竭力地反对，石冥不能作主，只得作罢。为了这件事，我心里很不高兴，本想我也辞职不干，石冥苦苦挽留，不便扫他的面子，就仍勉强地兼课下去。

  这位姓周的校董很可能就是周肇祥，周氏与北京画坛的保守派视齐白石为"野狐禅"，虽反对齐白石任教，但迫于当时齐白石在画坛的声望，加上邱石冥是齐白石的学生，无法如愿。但对于在艺术观念与追求上同齐白石高度一致的门人瑞光，竭力反对，邱石冥便"不能作主，只得作罢"。

  齐白石多次为瑞光题画，赠送画作并刻印，两人还常有合作。瑞光常用印"瑞光之印""瑞光""雪厂""雪盦""今人摹古，古人摹谁"便是齐白石所刊。齐白石到北京后，因其山水画不被人认同，极少为人作山水，特别是以书斋之类为图名者，更是少画。1921年，他却破例为瑞光作《不二草堂作画图》（徐悲鸿纪念馆藏），并在画上题诗云："佛号钟声两鬓霜，空余犹有画思忙。挥毫莫仿真山水，零乱荒寒最断肠。辛未雪厂弟雅属。璜并题。"画中，森森古柏下有两间草庐，正厅中有一僧人正伏案作画，表现的正是瑞光在"不二草堂"中作画的情景，其形象极类瑞光和齐白石均极喜之《大涤子作画图》中的僧人形象，瑞光倾慕大涤子之风，齐白石便以之相喻。1928年，齐白石还为瑞光题写了《不二草堂》匾额（北京文物公司藏）。还有一件无纪年的《佛手荔枝图》（日本京都国立博物馆藏），款题："抛却颓毫携佛手，佛摘荔枝甘吾口。愿做长安粥饭僧，一笑逃名即上乘。雪厂高僧法鉴。齐璜赠并题。"称瑞光为"高僧"，很有可能是较早的作品。此外，齐白石还送给瑞光两对白铜镇尺，其一是1924年以一幅《菩提达摩》请人镌刻其上。其二所镌刻的是一件书法对联："画似前朝大涤子，食如南岳懒残僧。"以"大涤子"石涛和"懒残僧"喻瑞光，是对他的画艺和佛学造诣的肯定。此铜镇尺两联年款不一，上联款"甲子春赠雪庵方丈联语。"下联款"戊辰夏重书于此。齐璜。"应是1924年春书此联赠瑞光，1928年夏又将此联重书于镇尺之上并镌刻。

瑞光也多次赠画给老师，齐白石则在画上题跋点评。瑞光有一幅"偶尔拈笔颇似青藤"的《菊花》立轴（北京画院藏），齐白石极为欣赏，两次在画上题跋。1927年题道："此幅乃雪厂和尚未及余门时所画。笔情活活可喜，因记存之。丁卯秋八月。白石山翁。"1932年，瑞光去世，齐白石再次找出题跋，以示怀念："辛未雪盦购得颠道人版印画册示余，笔情墨色与雪盦此幅绝无丝毫分别。今雪盦死矣，感而记之。壬申白石。"

1924年六月，瑞光仿石涛笔意为齐白石作《白石老屋》（现藏北京画院）扇面。题款："甲子六月为苹翁夫子写白石老屋。方外门生瑞光。"十月，瑞光又为齐白石作《借山问道图》（北京画院藏）（图3）。庭院中，秋叶渐红，高树下，屋舍两间，黛瓦粉墙，窗帘半启，露出画案书卷。正厅大门开敞，一老者端坐榻上，一僧人正躬身行礼，款题："借山问道图。白石翁夫子大人命作山水画，谨拟此图奉赠。时甲子十月，受业瑞光。"或许表现的正是瑞光拜师的情形。此外，瑞光以仿刻丝山水法为齐白石作《山水》扇面（北京画院藏），款题："苹翁夫子大人教正。方外门生瑞光。"此画以铁线般笔画勾勒出山形，不作皴擦，直接平涂以花青赭石，山间再点缀红树苍松，绝壁石亭上，一文士正凭栏远眺。

三、齐白石与瑞光在绘画上的教学相长

齐白石与瑞光交往的基础，既缘于瑞光事白石以诚，也因白石老人在人际交往中秉持"投我以木桃，报之以琼瑶"，反过来厚遇瑞光，更重要的是两人在艺术上的共同追求和互相肯定。

（一）崇石涛，尚独创

齐白石特别崇拜石涛，曾作《题大涤子画像》诗云："下笔谁叫泣鬼神，

二千余载只斯僧。焚香愿下师生拜，昨夜挥毫梦见君。"瑞光更是以学石涛画法享名画坛。瑞光无画论存世，但从他的一些题画诗可窥一斑。如"一画本无法，无法法亦法。透过鸿蒙理，何用种种法。""南北画宗是与非，不如一画解真机。一画透过鸿蒙理，万壑千岩一笔挥。"承继了石涛"一画论"而又有所发展。瑞光曾自制印章，文曰："今人摹古，古人摹谁。"与石涛"笔墨当随时代"同出机杼。而齐白石亦崇拜大涤子，两人惺惺相惜，常在一起讨论画理。

（二）瑞光的"刻丝山水"

瑞光的山水画不局限于学石涛，还自创了仿宋刻丝山水。日本学者西上实先生《雪庵瑞光的山水画法》曾对此有深入研究，现作一些补充。刻丝也称"缂丝"，是平织的一种，以"通经断纬"的织法，织出的图案正反两面相同。因此，宋代的刻丝模仿了很多唐宋的书画。如台北故宫博物院收藏的沈子蕃《缂丝秋山诗意图》，图样细致，色彩鲜艳，宛如用画笔画出的青绿山水，受到历代文人的推崇。

西上实先生列举的第一件瑞光刻丝山水原作已佚，仅在须磨弥吉郎的《梅花草堂集 III》中见到一张照片。画上题跋云："画家习气尽删除，休道缂丝宋代愚。他日笔刀论画苑，钩山着色苦瓜无。白石翁题句，以应梅花草堂主人之属，即希雅正，己巳秋日，瑞光写。"瑞光在此引用了齐白石为他作的题诗。幸运的是，2018年，北京画院举办展览"胸中山水奇天下——齐白石笔下的山水意境之二"时，从故宫博物院发现了一件齐白石的设色山水，与瑞光的画几乎一模一样，左侧齐白石题了同一首诗，落款则是"齐璜画"。这种以曲铁盘丝般的线条来勾勒山石树木，而不作皴擦，直接以色彩平涂的作画方式，的确受到宋代刻丝通经断纬的织绣方法的启发，平面而略带图案化的表现，别具一格，当为瑞光的首创，齐白石亦不禁临摹一张。

瑞光刻丝山水画的第二例是作于1930年的《山寺松溪图》（日本京都国立博物馆藏），款题："山寺门前多古松，溪行欲到已闻钟，庚午夏，释瑞光。"山石崚嶒，以方折粗重的线条勾勒，近山平涂以花青，远山平涂浅绛，最大限度地压缩了画面的空间感。山间红树古松掩映古寺圆亭，笔趣拙朴，红墙黄瓦，色彩明度极高，使画面更具装饰感、图案化。

齐白石的山水画以"五出五归"壮游中所见真山真水为稿本，自出机杼，形成用笔朴拙、赋色丰富的全新画风，天趣胜人，充满巧思。他以带有金石味的古拙线条勾勒山石，少皴擦点染，常以纯色平涂彩色山峰，这些画法在瑞光的仿宋刻丝山水中加以结合和强化：方折的线条与故宫博物院收藏的《桂林山》如出一辙，平涂的色彩与齐白石孤峰独立的远山的色彩极为相似。这种刻丝山水的确是一种独特的画法，正如西上实先生所评价的："所谓的瑞光的宋刻丝风山水画，并不是去模仿宋刻丝的技巧上的精巧，而是削减画笔上的技巧，除去画家的习气，让画变得单纯明了的画法。可以说是不受传统绘画观和画法的约束的一种尝试。"

（三）齐白石对瑞光人物画的借鉴

除了山水、花卉外，瑞光还擅画人物。1925年，瑞光临齐白石的《拈花微笑》（北京画院藏）（图4）送给齐白石。齐白石的原画（图5）亦藏于北京画院，两相对比，还是存在相当距离。在齐白石笔下，佛主着红袍趺坐于蒲团之上，衣纹用线圆转沉着，虽寥寥数笔，但全落在人体结构之上，加上深浅变化的设色，非常明晰地交代出体积与转折关系，显出极强的造型功力。佛主面部刻画尤其精彩：脸形方中带圆，下巴丰腴，长耳垂肩，螺发卷须，双眉舒展，慈目上扬，嘴唇微抿而笑意微现，神情静穆而庄严。蒲团后有一香炉，一缕青烟如线，更加衬托出佛主内心的宁静。瑞光之画则改为着赭袍，衣纹用线略显犹豫，甚至左右肩不相对称，衣袖的用笔更显平面化、概念化，面部用线纤弱稚嫩，说明瑞光的人物画造型能力较弱。由于纸张尺寸比例所限，未临画蒲团和香炉，更是削弱了情境的营造。尽管如此，齐白石仍在画上题跋以示鼓励："画山水者昔人释道济，画花卉者今人吴俊卿。二家乃古今独绝，雪盦禅师皆能肖。此拈花佛访（仿）余本，其笔画似俊卿，老手把笔作石鼓字，苍劲超群。犹谦谦不足，愿及余门，是余与佛有缘也。乙丑九月廿又八日白石翁记藏。"

虽然瑞光的人物画基础有限，但齐白石仍能从瑞光的人物画中受到启发，略加改动，作为自己的素材入画。他曾多次仿瑞光的《大涤子作画图》。北京画院就收藏了四件，最早的一件作于1923年秋。款题：

下笔怜公太苦辛，古今空绝别无人。修来清净华严佛，尚有尘寰未了因。

释瑞光画大涤子作画图，乞题词，余喜之，临其大意。癸亥秋白石山翁并题。

有礼疏狂即上乘，瑞光能事欲无能。画人恐被人为画，君是他年可画僧。

此诗乃题雪厂和尚画大涤子作画图第二首。此幅为和尚见之欲余为赠补书此诗，和尚两正何如。心出家僧璜。

画中僧人侧身而坐，俯身趺坐于案几前作画，身体用线极简，只用两三根浓重的圆弧形线条勾画出大致轮廓，复以淡墨调花青染出结构层次，其形象略类齐白石为瑞光所作的《不二草堂图》中的僧人形象，难怪齐白石会题诗道："画人恐被人为画，君是他年可画僧。"这个辛苦作画的僧人形象，既是大涤子，亦是瑞光。

齐白石常画身着红袍，慢摇折扇的钟馗，其中一幅题跋道："乌纱破帽大红袍，举步安闲扇慢摇。人笑终南钟进士，鬼符文字价谁高。此新诗也。门人释瑞光于旧瓷器上所画之稿更大，余为略改变，画存之。三百石印富翁并记。"原来这也是瑞光从古瓷器中得到的画稿，齐白石加以修改而成。

四、结语

在齐白石众多弟子中，瑞光早享画名；在齐白石画风遭遇冷眼之时，瑞光却钦佩和支持他的独创精神；当其他弟子多随齐白石学习篆刻或花鸟画时，瑞光却对齐白石自视甚高却不被世人认可的山水画和人物画用力甚勤，且互相启发借鉴，教学相长，在画理画论上多有讨论，因此，瑞光也成为齐白石最得意的弟子。齐白石曾对齐良迟说，瑞光是陈师曾之后在艺术上对他有所帮助的第二人，可惜陈师曾逝于1923年，享年47岁，瑞光逝于1932年，享年55岁，皆不永年。难怪瑞光去世时，齐白石会如此伤心，甚至心生息肩之想。

（吕晓，北京画院理论研究部主任、研究员）

饱谙世味思餐菊，深省交情慎寄书
——齐白石致姚石倩书信三题索解

韦昊昱

摘要：1919年至1950年间齐白石致弟子姚石倩的41封书信《濒翁手札》，是迄今所知传世最多，且最为系统连贯的齐白石书信手稿之一。这批书信的写作时间涵盖了齐白石在20世纪中国艺坛逐步由寂寂无闻迈向名满天下的全过程，鲜活地记录了齐白石在师生交往中的言出心曲与所思所感。本文择取《濒翁手札》中齐白石致姚石倩书信三题加以索解，力图深入一位艺术家的日常生活史，勾连出齐白石穿梭活跃在军、政、商、学等不同领域友朋之间的人际社交网络，揭示齐白石在被时代漩涡裹挟之下的心绪起伏与情感体验。

关键词：齐白石；姚石倩；《濒翁手札》；师生交游；日常生活

1909年结束"五出五归"游历，重返寄萍堂乡居生活的齐白石，曾在与好友留霞老人的唱和诗中不无深意道："饱谙世味思餐菊，深省交情慎寄书"[①]（图1），以寄托自己此时虽已尽览国中风貌，却仍有餐菊雅兴的高洁情致[②]。同时，齐白石用"慎寄书"三字，欲言又止地表露出自己每与旁人通信时的谨慎克制，

---

① 北京画院.人生若寄：北京画院藏齐白石手稿·诗稿（上）[M].南宁：广西美术出版社，2013：73-74.
② 屈原，宋玉等.楚辞[M].长沙：岳麓书社，2001：第10页.

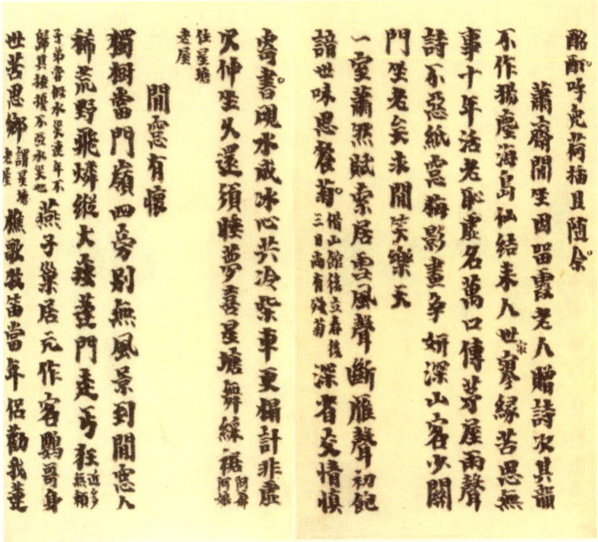

饱谙世味思餐菊，深省交情慎寄书 | 015

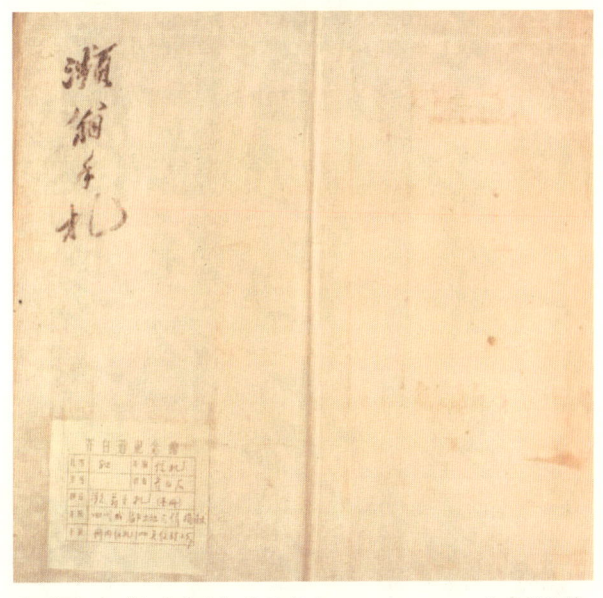

图1 齐白石《萧斋闲坐，因留霞老人赠诗，次其韵》，
《借山吟馆诗草》第13—14页 北京画院藏

图2 齐白石《濒翁手札》封面 纸本 37cm×38.5cm 北京画院藏

想来是他在即将步入天命之年前阅世识人的真切感怀。然而，齐白石生前致弟子姚石倩的总计41封书信《濒翁手札》（图2），却鲜活记录了一位"砚田老农"身处20世纪上半叶纷繁复杂的世情世相中，所展现出的多样性格与心绪变化。这

是迄今所知传世最多,且最为系统连贯的齐白石书信手稿之一,系1919年至1950年间由在北京(北平)的齐白石向在外省的姚石倩寄出[3],分别寄往成都、安徽、上海、重庆等地(图3)。

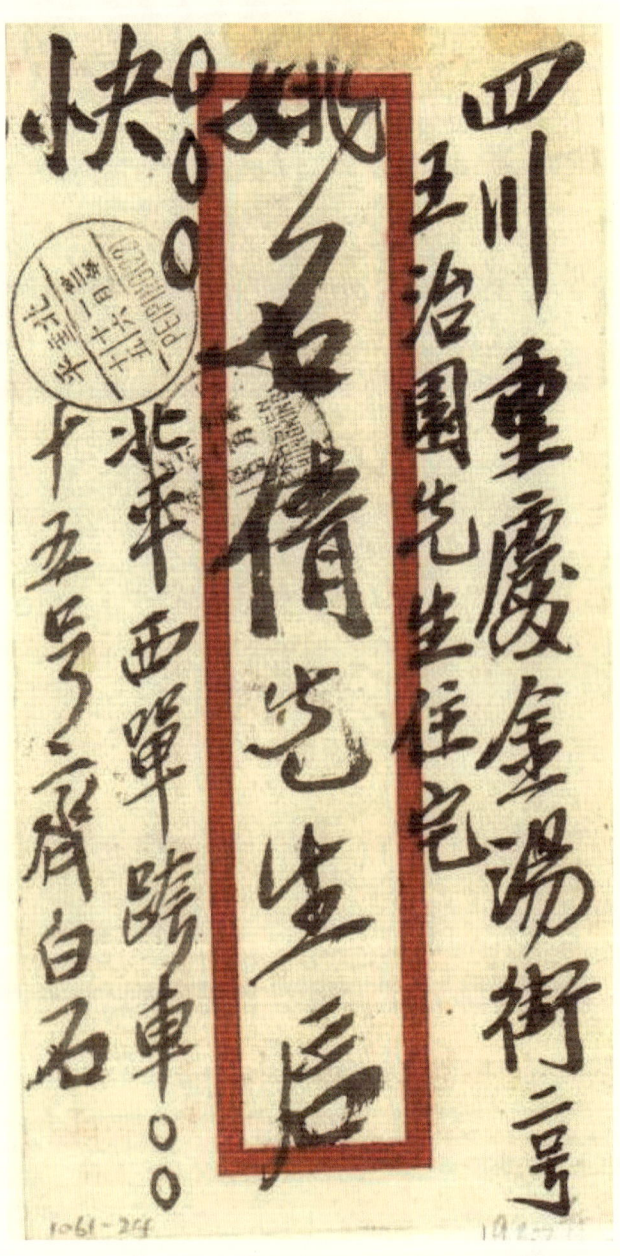

图3 齐白石致姚石倩书信信封之一 尺寸不详 北京画院藏

姚石倩（1877—1962，图4），名宜孔，号渴斋、砚田老牛、汉双洗室、五百泉富翁，安徽桐城茂才竹叶亭人，清末曾担任过四川提学使方旭的幕僚，民国初年一度侨居成都，后曾出任国军第二十八军秘书、四川北川县知事等职。他曾长期住在国军第四十四军军长、国民政府财政部四川盐运使王缵绪的重庆公馆之中，为其所购藏的书画篆刻整理编目，新中国成立后又担任四川文史研究馆馆员（图5）。1917年姚石倩首次北上拜师齐白石[①]，1919年师徒两人的来往已然十分密切，姚石倩亦与白石友人胡南湖相识，并在当年与他们二人一道游览过北京城南游艺园等地。此外，1919年前后正值齐白石衰年变法初期，同在北京的姚石倩也亲历了老师创作思想的转变历程，并和胡南湖、陈师曾等人一样，对齐白石的画风变革和定居北京的举动多有认可与支持，当年8月，齐白石在琉璃厂清秘阁装裱并出售的六条屏，被胡南湖夸赞"一幅百金"，使得山翁发出了"南湖知画"的感叹[②]，并在《乙未日记》中补记此事，他还回忆了姚石倩对他新近"天趣"画风的赞扬："乙未七月一日，过春雪楼，其主人求余画《南湖庄屋图》，出宿盒墨，秃锋笔为此初稿。是时炎威逼人，不及画屋而罢。石倩以为有心作画绝无如此天趣，笑人，苦余加名字印。余知此时之京华，卖书画者笔墨愈丑愈得大名，余亦有好名之意耶？"[③]这也正顺应了此时齐白石"扫除凡格总难能，十载关门始变更"的变法努力[④]。同时姚石倩还极为服膺老师的篆刻，当年8月12日齐白石在《姚石倩拓白石之印》序记中自称："石倩兄亦喜余刻印，倒箧尽拓之，大好大惭，不怜作者，且属余为记之"[⑤]。这一时期齐白石对外接受的求字刻印之请，亦多由姚石倩代笔完成。

[①] 齐白石：《齐白石论艺》，上海：上海书画出版社，2012年版，第188页。
[②] 齐白石：《乙未日记》，南宁：广西美术出版社，2013年版，第190—191页。
[③] 齐白石：《乙未日记》，南宁：广西美术出版社，2013年版，第191页。
[④] 北京画院：《人生若寄：北京画院藏齐白石手稿·日记》（上），南宁：广西美术出版社，2013年版，第198页。
[⑤] 北京画院：《人生若寄：北京画院藏齐白石手稿·日记》（上），南宁：广西美术出版社，2013年版，第192页。

图4 姚石倩（1879—1962）

图5 1951年齐白石与姚石倩（左一）、张冠英夫妇（后排）在北京合影

尤其值得注意的是，姚石倩还见证了1919年齐白石侧室胡宝珠嫁入齐家的全过程，亲历了胡南湖"报公以婢"的姻缘往事，当年11月5日，胡南湖从北京居所紫丁香馆中，将婢女胡宝珠直接带到车站，送给了即将回湖南省亲的齐白石，姚石倩此时亦在场送别，目睹了胡宝珠与齐白石的相见场面。1930年9月23日，齐白石在致姚石倩的信中还回忆此事道："友人赠来之婢，今已为姬，生有男女五人矣。赠婢之友人不通音问，未知平安否？殊念念。"[a]因此，1919年拜师才刚刚两年的姚石倩，便很快成为齐白石的心爱学生和得力助手。在当年秋季的《次韵石倩见赠诗》中，齐白石专门在诗序中介绍道"姚宜孔，字石倩，四川□□人，从事于余画"[b]，并在诗中以自己在北京的北漂闯荡经历，不无诚恳地告诫学生："偶播雕虫不算名，燕京七月晚凉生。秋风杀草愁铺野，落日归鸦飞满城。北地非无南去路，□□□□□□。"[c]1920年后，回到四川的姚石倩一度与齐白石中断了近十年的联系，直至1929年年初两人才恢复了通信，在此后的整个30年代，师生之间往来信件频繁，《濒翁手札》中的绝大部分内容，就集中于这一时段。这批书信手稿纵37厘米、横38.5厘米，信札集封面题签为《濒翁手札》，这是1957年齐白石逝世后，由姚石倩粘贴整理成册，并捐献给当时筹建中的北京"齐白石纪念馆"，后成为其第82号藏品。由于当时特殊的时代原因，最终该纪念馆并未建成开放，包括《濒翁手札》在内的手稿、遗物和书画篆刻作品又辗转保存至北京画院。

从最直观的外在面目上看，齐白石致姚石倩的41封书信写作时间横跨老人57岁至90岁之间，这正涵盖了他在20世纪中国艺坛逐步由寂寂无闻迈向名满天下的动态变化过程，我们从信札原件墨迹这一所谓书法的日常书写中，也能随着书信写作时间的线性演进和作者心绪遭际的不断起伏，真切感受到齐白石在自觉借鉴吸纳如李北海、金冬心、郑板桥、何绍基、吴昌硕等前人风格之后，于书风上所

---

a　北京画院：《人生若寄：北京画院藏齐白石手稿·信札及其它》，南宁：广西美术出版社，2013年版，第23页。
b　这里齐白石误称姚石倩为四川人，他实则应为安徽桐城人。
c　北京画院：《人生若寄：北京画院藏齐白石手稿·日记》（上），南宁：广西美术出版社，2013年版，第195页。

磨砺出的那份纵逸峻拔与苍劲老辣。同时，由于信札文体具有"辞若对面"的特殊功用，是一种一对一、点对点的信息传递方式，这就使得其书写风格、笔墨形态与日记、手稿、诗稿、账簿等其他较为私密化的文本有所不同。此外，和齐白石那些精心创作的楹联、扇面等正式的书法作品，或是讲求画面构图规制的款识跋语相比，信札的书写在张弛力度与空间布局上又显得较为恣意简率，呈现出一种介于正式创作与私密文稿之间的书体面貌，这无疑有助于我们去重新审视齐白石书风在不同类型文本之间的多元风格与微妙差异。

而通过信函这一极为个人化的信息沟通与人际交往手段，我们又得以在文本的表层叙述之下，勾连出一个齐白石穿梭活跃在军、政、商、学等不同领域友朋之间的社交网络，在一定程度上能够弥补齐白石研究中生平史料的缺失与生活真貌的缺位，不啻是一部艺术家的日常生活史。本文将择取《濒翁手札》中齐白石致姚石倩书信三题加以索解，以期借助那些湮没无闻的吉光片羽，感受齐姚两人深厚的师生情缘，揭示老人难以名状的言出心曲与所思所感。

一、"为戚人谋一枝之栖"：1930年代初齐白石的一封求职信

20世纪30年代初，在湘潭的齐白石女儿齐菊如一家屡受当地匪害之乱，外孙邓平山因故加入了清乡队，生活极不安定。齐白石得知后，便有"为戚人谋一枝之栖"的打算，随后他多次向姚石倩去信，希望弟子能够代为向此时新近结交的四川将领王缵绪引荐他的外孙邓平山，为其在王氏的军队中安排工作。在写于1932年的两封信中，齐白石大体介绍了邓平山的基本情况和文化程度，并表示自己不愿直接给王缵绪写信，"使人作厌看待"，而是希望姚石倩和四川著名金石家吴秋士等人，能够婉转地代为向王缵绪转达让邓平山远离湘潭，前往四川工作，以此避难落脚，"许赐一饱"之意[①]（图6）。

[①] 北京画院：《人生若寄：北京画院藏齐白石手稿·信札及其它》，南宁：广西美术出版社，2013年版，第46页。

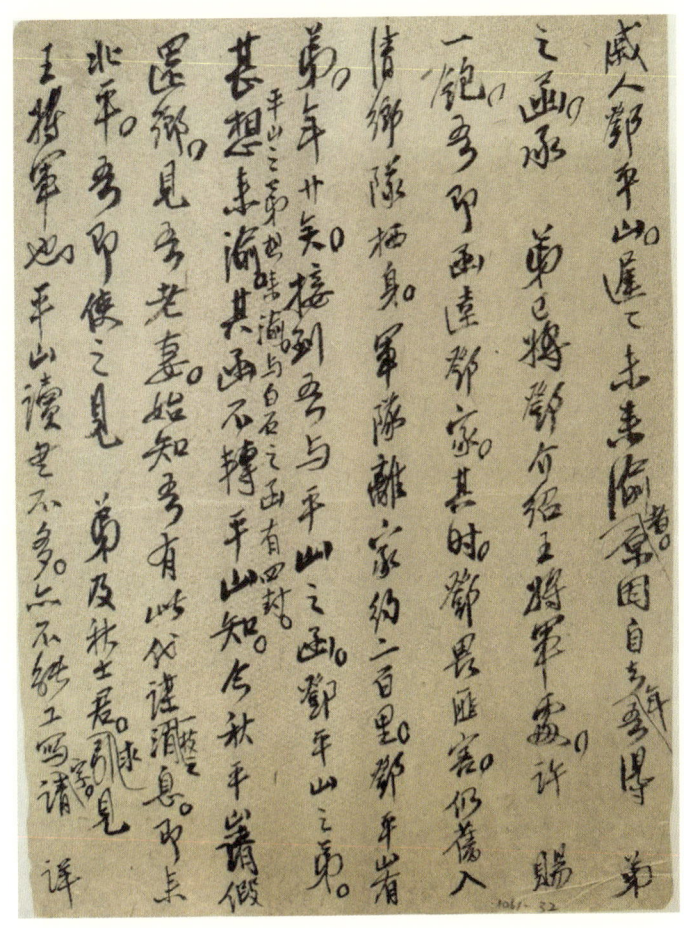

图6 1932年齐白石请求姚石倩转托王缵绪为外孙安排工作的书信 北京画院藏

实际上,齐白石一向自视甚高,不愿轻易开口求人。1921年,齐白石长子齐良元曾请求父亲托人介绍其到湖北谋事,当年6月20日,齐白石特向齐良元回信,严厉地批评道:"翁少时之气骨闻于远近,真知余,谓为真高士。今为汝辈求人,或求而不答,何以对人?汝等不能光前,本未读书,翁不加怪,勿使翁老年无气骨也"①。言辞之中可谓不无原则与底线。然而此次竟能够三番五次地联系四川友人弟子,为外孙找寻工作,与其说是对儿孙戚谊的看重,毋宁说是在

---

① 北京画院:《人生若寄:北京画院藏齐白石手稿·日记》(下),南宁:广西美术出版社,2013年版,第277页。

时局混乱之际，对自己早年遁逃生活的历历在目和手足丧命的前车之鉴。1915年后，由湖南人蔡锷在云南发起声讨袁世凯称帝的护国运动浪潮，逐渐开始波及由汤芗铭主政的湖南，1916年护国军黔军一部一度从贵州攻入湖湘，于是"军声到处便凄凉，说道湘潭作战场"①。当年5月间，担任湖南矿警督办的齐白石好友郭人漳，在省城长沙率领矿警卫队爆发兵变，企图推翻汤芗铭的都督一职而自任。6月，袁世凯在北京谢世，护国军第一军湖南总司令程潜率军将失去靠山的汤芗铭围困在长沙，汤只得落魄而逃，护国运动在湖南宣告结束。1917年7月初，安徽督军张勋以调停"府院之争"为由，率辫子军入京，赶走大总统黎元洪，解散国会，拥废帝溥仪复辟。随后，皖系军阀段祺瑞誓师讨伐张勋，复辟失败，段祺瑞又与代理大总统、直系军阀冯国璋形成了对峙局面，北洋派系的内部冲突日益加剧。当年8月，孙中山在广东组织护法军（实权被以陆荣廷、唐继尧为首的桂系军阀所把持），反对段祺瑞解散国会和《临时约法》，南北政府由此对立，而湖南地处南北交通的要冲，战略地位极其重要，自然也成为南北军阀的主要战场，战火一度持续了2年之久。1917年6月，齐白石便因这一时期的"湘中军乱，草木疑兵"而"复遁京华"②避难，寄居郭人漳在北京前门外排子胡同的家中，自叹"一时除窜计都无"③，谁料此时恰逢张勋复辟之变，北京城中亦不安宁，他又随郭人漳一家辗转逃往天津租界，此时段祺瑞手下的讨逆军东路副司令李长泰正率部与辫子军激战，于是齐白石一路经历了"飞车亲遇燕台战"④"青鞋草笠奔风尘"⑤的惊险局面，足见奔波之苦。1918年年初，湖南兵乱日益严重，湘潭当地的土匪更是公开扬言要绑架此时因卖画治印而略有积蓄的齐白石，他听闻后匆忙于当年3月底携全家隐匿于湘潭南境紫荆山下的亲戚唐泽湘家中，"幸于

---

① 齐白石：《丙辰四月十一日，闻南北军约战于湘潭，有友人避兵来借郎绍君、郭天民：《齐白石全集》第10卷《诗文》第1部分"齐白石诗词联语"，长沙：湖南美术出版社，1996年版，第4页。
② 北京画院：《人生若寄：北京画院藏齐白石手稿·诗稿》（下），南宁：广西美术出版社，2013年版，第496页。
③ 北京画院：《人生若寄：北京画院藏齐白石手稿·诗稿》（上），南宁：广西美术出版社，2013年版，第141页。
④ 北京画院：《人生若寄：北京画院藏齐白石手稿·诗稿》（上），南宁：广西美术出版社，2013年版，第143页。
⑤ 杨度：《杨度集》第2册，长沙：湖南人民出版社，2008年版，第619页。

分居，同为偷活。然犹恐人知，遂吞声草莽之中，夜宿露草之上，朝餐苍松之阴"①，直到当年8月底全家才返回寄萍堂中。由此他下定了要彻底定居北京的打算，"知道家乡虽好，不是安居之所"②。1919年2月底，57岁的齐白石便"仍遁燕京"，第三次孤身北上闯荡，从此"把家乡反倒变为做客了"③。

更为触动齐白石的是，1928年他时年50岁的五弟齐纯隽正是死于持续不断的湘潭匪乱之中，齐白石从齐良元处听闻后，很觉凄然，直呼"惊闻故乡惨，客里倍伤神"④。因此，湘潭家中先后发生的一连串不幸遭际，使他始终存有一种"避难偷活"的危机意识，感慨自己"生此无此扰乱之湖南，居此无此毒害之邻里"⑤，可谓"无忧无患要无家，北窜南逃感物华"⑥，因而只能像友人朱悟园形容他的那样，"去父母，离妻子，背乡井，而北走燕"⑦。与此同时，成名后的齐白石回顾过往，也认为自己正是由于丁巳乡乱后逃离湖南，定居北京，才暴得大名，"始得中外皆知"⑧，连贵人胡南湖也在1919年劝他不必还乡，认为他"篆刻及画，人皆重之，归去湖南草间偷活何苦耶？况苦辛数十年，不可不有千古之思。多居京华四三年，中华贤豪长者必知世有萍翁，方不自负数十年之苦辛也"⑨。因此，当我们在梳理了齐白石身处动荡生活中先后经历的思想变化之后，也就不难理解他为何会屡次向学生和友朋请求，为同样饱受湖南匪乱的外孙邓平山找寻一份远离湘潭的安稳工作了。

1932年10月间，在得知祖父齐白石要为其介绍工作后，邓平山便立刻由湖

---

① 北京画院：《人生若寄：北京画院藏齐白石手稿·诗稿》（下），南宁：广西美术出版社，2013年版，第496页。
② 齐白石口述、张次溪笔录：《白石老人自述》，南宁：广西美术出版社，2014年版，第113页。
③ 齐白石口述、张次溪笔录：《白石老人自述》，南宁：广西美术出版社，2014年版，第119页。
④ 郎绍君、郭天民：《齐白石全集》第10卷《诗文》第1部分"齐白石诗词联语"，长沙：湖南美术出版社，1996年版，第59页。
⑤ 郎绍君、郭天民：《齐白石全集》第10卷《诗文》第2部分"齐白石文钞"，长沙：湖南美术出版社，1996年版，第75页。
⑥ 北京画院：《人生若寄：北京画院藏齐白石手稿·诗稿》（下），南宁：广西美术出版社，2013年版，第331页。
⑦ 北京画院：《人生若寄：北京画院藏齐白石手稿·日记》（上），南宁：广西美术出版社，2013年版，第197页。
⑧ 北京画院：《人生若寄：北京画院藏齐白石手稿·诗稿》（下），南宁：广西美术出版社，2013年版，第302页。
⑨ 1920年齐白石所作《水草·虾》一画题跋，册页，纸本水墨，钤朱文方印"齐大""阿芝"，白文方印"白石翁"，66.5cm×60cm，中国美术馆藏。

南动身前往北平，为此，齐白石向姚石倩修书一封，"即使之见弟及秋士君，求引见王将军也"，并希望姚石倩或吴秋士问明邓平山"能做何事"，以便"求王将军看体裁衣"。随后，邓平山携带齐白石的推荐信赶赴重庆投靠姚石倩，并在姚石倩、吴秋士的引荐下，由王缵绪安排在其身边工作。齐白石听闻消息后，还特意为吴秋士寄赠了画作和颜料，以表示对吴秋士"代璜外孙求枝栖于王运使"的感谢，并请姚石倩"当劝吴君勿客气，吾心所安也"①。然而，在王缵绪军中工作的邓平山却对这份差事并不十分满意，在一次回到北平齐白石家中的探亲期间，他向祖父齐白石介绍了自己和姚石倩等人在重庆的生活状况，并希望齐白石能够让姚石倩从中撮合，代求王缵绪将自己调离重庆，或跟随姚石倩工作。齐白石因而在邓平山返回重庆前向姚石倩再寄一信，说明用意，表示"弟有高迁时，能可带去尤妙"，并向他赠送账额、毛笔、颜料等画材答谢，他还细心嘱咐姚石倩要提醒外孙在重庆务必节省开销，以便"稍有积蓄为幸"②。

二、"横寇磨人，合当一死"：抗战前后齐白石在北平的心绪所感

齐白石在与姚石倩的往来书信中，多次自觉不自觉地表露出他对于19世纪30年代后国内时局的观察与感受，这是被波诡云谲的时代旋涡裹挟之下，一个普通老翁不可避免的心绪起伏与情感体验。早在1909年结束"五出五归"壮游，安居茹家冲寄萍堂时（图7），齐白石的人生愿望还是要过置地盖房、买山造田的恬淡生活。1948年，齐白石的忘年交黎锦熙在为《齐白石年谱》1913年条作按语时也直言："大约清末民初数年间，是白石乡居清适，一生最乐的时期。他那时也实有'终焉'之志"。③因此，连1911年辛亥革命后清廷覆灭、民国建立的改朝换代，似乎都没有给偏居湖湘小山村的他和周遭，带来多么大的冲击与震动，

---

① 北京画院：《人生若寄：北京画院藏齐白石手稿·信札及其它》，南宁：广西美术出版社，2013年版，第55页。
② 北京画院：《人生若寄：北京画院藏齐白石手稿·信札及其它》，南宁：广西美术出版社，2013年版，第75页。
③ 胡适、黎锦熙、邓广铭：《齐白石年谱》，上海：商务印书馆，1949年版，第22页。

他的自述、年谱等公共领域文字中也鲜有对这一影响中国历史进程大事的评论与回忆。而自从1917年后，因护国战争南北军阀混战湖南之故，齐白石的平静生活才终于被打破，尤其在1919年定居北京之后，老人的安危命运便再也不能像在湖南乡居期间那般"躲进小楼成一统，管他冬夏与春秋"①了，他开始不断旁观到诸多有关共和初创、国家离乱、遗老情结等世

图7 寄萍堂 齐白石 白文方印 寿山石
3cm×3.2cm×3.2cm 无年款 北京画院藏

事纷纭的复杂动荡，使得绘画创作的题材面貌都大为增益，眼界思路更加开阔，对其包括"衰年变法"在内的艺术变革产生了潜移默化的结构性影响。

在齐白石与姚石倩通信频繁的19世纪30年代，老人对时局的密切观察体现得也尤为明显。1930年5月，齐白石在北平就亲身经历了由蒋介石、阎锡山、冯玉祥三方引发的中原大战，这一混战以当年9月张学良派东北军入关干涉调停，接防北平，并于半月之内控制整个平津地区而告终。1930年9月23日，就在东北军董英斌部进入北平接管的当天，齐白石因四川人田伯施转托姚石倩求购山水册页一事，向姚氏寄去一封书信。信中齐白石向弟子描述了自己每日卖画刻印"劳苦五六"的繁忙情景，并在信件结尾特意写道："旧京又换地主，今日尚且平安，往后未可知也，一笑"②，这恰可与当日北平城内混乱的政局变动相吻合，那句看似无奈怅然的自嘲话语背后，暗含的正是一位68岁老翁对于世事变化的多样心绪。1931年"九一八"事变爆发后，此前占领东北的关外日军开始不断向关内进逼，东北军节节撤退，随着包括锦州在内的热河大部的沦陷，日军势力逐步扩张到了长城一线，华北局势告危，北平、上海等地的反日运动也日渐高涨，齐

---

① 鲁迅：《鲁迅散文·诗全编》，合肥：安徽人民出版社，2006年版，第172页。
② 北京画院：《人生若寄：北京画院藏齐白石手稿·信札及其它》，南宁：广西美术出版社，2013年版，第23页。

图8 齐白石 《山水十二屏》之《夕阳水渚》立轴 纸本 设色 138cm×62cm 1932年 重庆中国三峡博物馆藏

白石此时面对"世变至极"、家门不保的现状,只得深居简出,"窃恐市乱,有剥啄叩吾门者,不识其声,闭门拒之"[①]。而这一时期倾慕齐白石艺术的王缵绪,通过姚石倩的关系,开始多次邀请避居家中的他前往四川游览,而齐白石却对时局风向极为关注和忧虑,担忧平津局势的恶化会影响他在北平的家庭生活。1931年夏天,齐白石长子齐良元夫妇和长女齐菊如三人自湘潭家中北上前来北平侍奉父亲,秋季齐良元夫妇又因家事返回湖南,此后齐良元连续三年与父亲相约再次北上却未能成行,齐白石便因这一时期北平家中无人照看为由,连续致信姚石倩多封,屡次婉拒和推迟了齐、王两人的蜀游邀请,将自己不能立即动身前往四川的缘由,归因于"中国与外交未清,吾出矣,恐北平不安",但同时他也宽慰姚石倩道:"此时之中华,无安静地。北平暂安,患难亦有天命,弟勿耿耿于怀"[②]。随后王缵绪为表示邀请之诚意,又不断从衣食起居、润金钱财等各方面对齐白石予以馈赠和照顾,甚至在1931年底特意赠送一名十多岁的婢女寿华前往齐家为其服侍生活。王缵绪的多次示好表现,让齐白石

---

① 齐良迟:《齐白石文集》,北京:商务印书馆,2005年版,第155页。
② 北京画院:《人生若寄:北京画院藏齐白石手稿·信札及其它》,南宁:广西美术出版社,2013年版,第24—25页。

对动身四川之行一事左右为难,他在1932年1月给姚石倩的信中失望地表示:"蜀游之兴败矣,不与王君言及,恐生厌闻"①,在四五月间的另一封信中则推辞道:"吾决欲于王君一相识,只是南方家人来函,暂无人来京。吾出矣,或京津有乱事,待中日交涉清再说。拙妾幼子不免离散,吾在渝亦难安也"②。当年8月前后,齐白石特作山水巨制《山水十二屏》(图8)寄赠王缵绪,以表达这一时期王氏对其关照的感谢。

图9 齐白石"寂寞之道"印 无边款 2.9cm×2.8cm×3.2cm 创作年代不详 北京画院藏

1933年,因关外日军再次逼近华北,平津局势进一步紧张,3月后日军开始沿长城一线对中国军队发动进攻,北平局势日益告急,"人心很感恐慌"③。5月31日,南京国民政府与日本关东军签订了丧权辱国的《塘沽停战协定》,实际上承认了日军占领东北和热河的事实,为日本进一步发动全面侵华战争埋下了伏笔,平津两地也由此成为中日交锋的最前沿。当年年末,姚石倩又致函老师齐白石,表达自己希望再次赴北平游历学习的计划,但此时受时局影响的齐白石却不免落寞无助,他在回信中向弟子发出了"此时之京华,殊非昔比"的唏嘘,但同时表示对于身处"寂寞之地",从事"寂寞之道"的自己来说(图9),却依旧是"决计不移""欣然作画,听天不移"④,表现出动乱之际老人对于艺术创作

---

① 北京画院:《人生若寄:北京画院藏齐白石手稿·信札及其它》,南宁:广西美术出版社,2013年版,第49页。
② 北京画院:《人生若寄:北京画院藏齐白石手稿·信札及其它》,南宁:广西美术出版社,2013年版,第37页。
③ 齐白石口述、张次溪笔录:《白石老人自述》,南宁:广西美术出版社,2014年版,第156页。
④ 北京画院:《人生若寄:北京画院藏齐白石手稿·信札及其它》,南宁:广西美术出版社,2013年版,第58—59页。

的一份坚定与淡然。

随着财大气粗的王缵绪不断向他汇款高额润金和路费，齐白石在1936年年初终于明确松口道："谚云：话说三次惹人嫌。余之约来渝，足说过三百次矣。俟夏秋之间（交秋之时），若大儿能来平，余决来渝也"①，正式开始了四川之行的准备。4月28日晚，齐白石携侧室胡宝珠、五女齐良芷、六子齐良年一行，乘平汉线列车，经汉口转搭轮船前往四川。这次的巴蜀之游，让齐白石得以在四川寻亲访旧、祭拜先人、游观赏景、酬应鬻画、举办讲演、接受专访，结识了诸多蜀中名士，收入了一批川籍弟子，留下了丰富的书画篆刻作品。他与四川文化界的互动、交游与砥砺，启发和提携了大批川中画家，留下了数代齐派艺术传人。在寓居成都期间，齐白石仍然密切关注着华北局势的发展，8月2日他在接受成都《新新新闻》记者专访时，坚定地强调"气节两字，是人生首应留神之事"，并发誓"想到山河零落，受侮日深，愿争一口气，不作画与仇敌"，其坚定的民族气节与人生操守，由此确也可见一斑。就在四川之行结束一年之后，北平故都便告城破，度过九年沦陷生活的齐白石，也的确是"柴门常闭院生苔"②"寿高不死羞为贼"③，这无疑为他毕生所留神的"气节"之事，作了一个绝佳的人生注脚。

1936年8月25日清晨，齐白石一行在王缵绪、余中英、姚石倩等十余人的送行下离开成都，9月5日回到了北平家中，而就在齐白石一家离开成都的前一天晚上，成都城内爆发了民众反抗日本擅自在成都设立领事馆的反日爱国运动"蓉案"，事后导致了中日两国之间严重的外交纠纷。1936年2月，日本驻重庆领事糟谷廉二前往成都，要求承认日本在蓉设立领事馆。对此，国民政府外交部予以了搁置，但日本当局一意孤行，于当年5月单方面决定在成都设立领事馆，并任命原日本驻华大使馆中国情报部部长岩井英一为驻成都领事，此事遭到了重庆

---

① 北京画院：《人生若寄：北京画院藏齐白石手稿·信札及其它》，南宁：广西美术出版社，2013年版，第70页。
② 郎绍君、郭天民：《齐白石全集》第10卷《诗文》第1部分"齐白石诗词联语"，长沙：湖南美术出版社，1996年版，第75页。
③ 郎绍君、郭天民：《齐白石全集》第10卷《诗文》第1部分"齐白石诗词联语"，长沙：湖南美术出版社，1996年版，第58—59页。

和成都各界民众的集体示威游行。8月11日岩井英一一行抵达重庆,并派出随同到来的大阪《每日新闻》驻上海特派员渡边光三郎、上海《每日新闻》记者深川经二、南满铁路上海事务员田中武夫、汉口濑户洋行老板濑户尚四人于8月23日先行前往成都。8月24日上午,田中等人外出游览,成都市内陆续出现"驱逐日寇""还我东北"等标语,下午,少数民众前往日人住处骡马市街大川饭店,质问饭店为何密留日人,并向在场日人严正声明,反对在蓉设立领事馆。自当晚6时起,成都民众约万人再次聚集大川饭店门前,发表抗日演讲,斥责店主留宿日人,最终冲进饭店与日人发生冲突。混乱中,渡边光三郎、深川经二两人被群众打死,田中武夫、濑户尚被打伤,四川省政府、成都市警察局随即调来军警,驱散群众,宣布全城戒严。"蓉案"直接导致了日本在成都设立领事馆的企图未能得逞,日方借此向国民政府提出取缔排日活动、解散抗日团体、推动华北自治等无理要求,中日矛盾开始进一步激化。这一事件自然也引起了齐白石的震动和关注,他在回到北平后随即听闻了此事,在9月21日致函姚石倩表达对弟子在成都照料的感谢信中,便不无担心地关切道"无论老年人答与不答,只要知弟平安(平安函不用答可矣)。成都治乱,已免悬悬"[1],表现出对学生余中英、姚石倩个人安危的挂念,那师生之间的一份殷殷垂念与脉脉温情,以至让老师发出了"归后之魂梦,犹在竹叶巷也"[2]的喟叹。在10月18日、10月26日的两封书信中,他又主动劝说姚石倩迁来北平避居:"弟可脱离少城来故都客居否?此地远胜成都耳"[3],"能来北平长住否?余甚念之,愿弟长有报告也"[4]。显示出老人对于国势维艰、居无所安的无奈与惆怅。

而自1937年7月29日宋哲元率国军第二十九军残部撤出北平,到8月8日日军完全占领全城,千年帝都彻底落入异邦之手,齐白石也不得不身陷故都,辞去

---

[1] 北京画院:《人生若寄:北京画院藏齐白石手稿·信札及其它》,南宁:广西美术出版社,2013年版,第80页。
[2] "竹叶巷"是这一时期姚石倩在成都的住处,齐白石在信中代指成都。
[3] 北京画院:《人生若寄:北京画院藏齐白石手稿·信札及其它》,南宁:广西美术出版社,2013年版,第81页。
[4] 北京画院:《人生若寄:北京画院藏齐白石手稿·信札及其它》,南宁:广西美术出版社,2013年版,第83页。

教职，闭门家居，与远在川渝大后方的姚石倩彻底失去了联系。直到1946年1月间，"得见升平"的齐白石才再次收到了学生的来信问候。在当年2月6日他写给姚石倩的回信中，面对久别故人，相思无极，笔下自然难掩劫后余生的激动之情，他感慨两人"喜怒哀乐，俱如目见。可哭者，感予亦欲哭；可笑者，感予亦欲笑"，可谓"同病相怜"。在历数自己八年的故都沦陷生活遭际之后，齐白石向学生坦言，在那个"劳倦难堪""横寇磨人"的苦难岁月中，老身衰颓的他也曾想过"合当一死"，了却凡尘，却又不得不"三思父母遗体"，无奈放弃了轻生的念头，"转哭作强笑"，而沦陷期间继室胡宝珠的撒手人寰，又让时年84岁的齐白石不由感到身旁无人的落寞与寂寥，故而慨叹"不能再续冤家"[1]，折射出他极为鲜活的思想纠葛与情感挣扎。

三、"闻骂之者甚众"：1946年齐白石一次失败的重庆画展

在1946年2月齐白石于抗战胜利后写给姚石倩的两封书信中，他还向学生抱怨"去年（乙酉）冬，因不觉卖画，失败，可见后纸，不一一"，这无意透露了1945年（阴历乙酉年）年末至1946年年初齐白石一次失败的重庆画展遭遇[2]。1945年8月抗战结束之初，一位由重庆飞赴北平沦陷区进行战后接收事务的湖南籍国军军官"某甲"，曾极力拉拢齐白石，声称白石之画在重庆售价甚高，颇受追捧，进而向山翁恳求道："我有重庆友人，求我带画多幅，以供同好"。齐白石奈何不得，便将自己"强凑"的二十幅三尺画作和十开册页交予此人。谁料当此人返抵重庆后，又因公务所致，再次折回北平，故而"未及分应画事"，并将这批画作匆忙转交给此时尚在重庆担任中国美术学院院长的徐悲鸿，齐白石后来在信中向姚石倩称"徐君不知某甲欲分应何人，只好为予展览"。1946年1月初，徐悲鸿和时任国民政府监察委员的书法家沈尹默，在重庆两路口的国民党社

---

[1] 北京画院：《人生若寄：北京画院藏齐白石手稿·信札及其它》，南宁：广西美术出版社，2013年版，第86页。
[2] 北京画院：《人生若寄：北京画院藏齐白石手稿·信札及其它》，南宁：广西美术出版社，2013年版，第86页、第88—89页。

会服务处为齐白石举办了这场个人画展①。1月9日，徐、沈二人在重庆的国民党中央军事委员会机关报《和平日报》上联名刊发了《齐白石画展》的启事："白石先生以嵚崎磊落之才从事绘事，今年八十五岁矣。丹青岁寿，同其永年。北平陷敌八载，未尝作一画，治一印，力拒敌伪教授之聘，高风亮节，诚足为儒林先光。胜利以还，画兴勃发，近以杰作数十帧送渝展出，邦人君子景慕先生绝诣，得此机缘，以资观赏，信乎所谓眼福不浅者，谨为缀言以介。日期：元月七日至十日。地点：两路口社会服务处"②。启事中称齐白石"胜利以还，画兴勃发，近以杰作数十帧送渝展出"，应可与老人信中所称的湖南籍国军军官"某甲"索画之事相照应。据笔者依目前所见史料推断，"某甲"似为时任国军第九十二军政治部主任的湖南人侯吉晖。1945年10月，国军第九十二军移驻北平，负责包括北平城在内的第十一战区日军受降与接收工作。在光复北平后不久，侯吉晖便和同为湘潭人的齐白石女婿易恕孜（时任国军第九十二军《扫荡简报》总编）③、军政治部副主任余倜、军长侯镜如的秘书吕宜园等人一道前往齐家探望，齐白石热情接待了他们，并请求其以接收大员的身份，解决自己在北平房产的产权纠纷和子女弟子的工作问题。对此，这几位湘潭同乡均"表示竭力设法"，为他逐一办理妥当。随后，齐白石多次以金石书画或宴请邀席的形式予以感谢，据余倜回忆，1945年12月间，九十二军政治部的几个湖南同乡合订酒席一桌，祝贺齐白石85岁（实为82岁）寿辰，此时政治部主任侯吉晖正在重庆开会，而"齐老托侯吉晖带来些画在重庆开画展"④，这正可与齐白石写给姚石倩的信中声称"某甲""带画多幅，以供同好"的时间节点相吻合（图10）。

然而，这次画展虽然是抗战胜利后齐白石作品在国统区后方较早的一次公开亮相，不料最终却招致了重庆舆论界的负面评价，"闻骂之者甚众，如是失

---

① 中国人民政治协商会议重庆市渝中区委员会文史资料委员会：《重庆渝中区文史资料》第7辑，内部发行，1995年版，第92—95页。
② 徐悲鸿、沈尹默：《齐白石画展》，《和平日报》1946年1月9日。
③ 易恕孜（1923—2004）是齐白石三女齐良怜的丈夫，与齐白石同为湘潭人，其祖父易光远是齐白石的故交。1945年8月抗战胜利后，时任国军第九十二军《扫荡简报》总编的易恕孜曾多次到齐家探望，后于1949年携齐良怜一道迁往台湾。
④ 中国人民政治协商会议河南省委员会文史资料委员会：《河南文史资料》第41辑，1992年版，第230页。

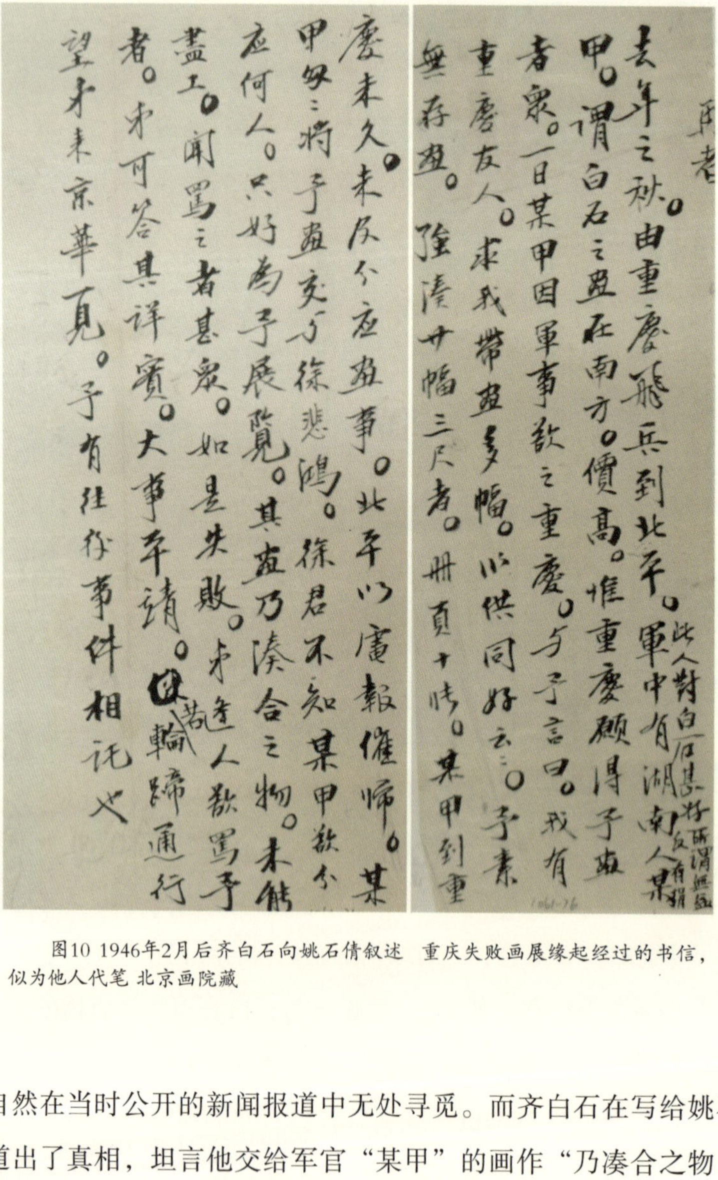

图10 1946年2月后齐白石向姚石倩叙述 重庆失败画展缘起经过的书信，似为他人代笔 北京画院藏

败"，这自然在当时公开的新闻报道中无处寻觅。而齐白石在写给姚石倩的信中则主动道出了真相，坦言他交给军官"某甲"的画作"乃凑合之物，未能尽工"，并无奈评价此人"无益反有损"。齐白石希望在重庆的姚石倩一旦遇到欲批评此次画展者时，一定要将事件的缘由真相详细告知，以此为他申辩，可见齐白石对于自身声名与画艺的极大珍视，对一位以金石书画立身行事的艺术家而言，被人漫骂讥讽其作品，显然是一种莫大的羞辱了。

（韦昊昱，中国社会科学院近代史研究所博士后）

齐白石与黎松庵、黎锦熙交往考

潘莉

内容提要：在20世纪中国绘画史上，齐白石是一个独特的个案。其艺术造诣不仅源于自身的勤奋和天赋，亦离不开湖湘文化的孕育及湖湘文人圈的启发与提携。黎松庵、黎锦熙父子作为齐白石早年师友，学养深厚，富知名度，对其篆刻学习、书画创作产生了深远的影响。本文试图以自传、他传、日记、著作及相关研究等史料为基础，将黎氏父子与齐白石之间的交往史做一番考证，还原齐白石艺术的发展源流，以期更为深入地探索他们的学术成果与艺术成就。

关键词：齐白石；黎松庵；黎锦熙；交往；历史考证

齐白石（1864—1957），湖南湘潭县杏子坞人。原名纯芝，字渭青，号兰亭，小名阿芝。27岁时，老师为其取名齐璜，号濒生，别号白石山人、借山吟馆主者、三百石印富翁等。早年在雕花木匠周之美门下学小器作，后随民间艺人萧芗陔习画肖像。1889年，齐白石正式拜师胡沁园画工笔花鸟，并跟随陈少蕃读书，闲暇之余熟读《唐诗三百首》《孟子》等。1894年春，经老师胡沁园的引荐，齐白石到黎松庵家为其父亲画像。1896年，始学刊刻印章。1899年，投师于清末湖湘大儒王湘绮门下，受其指点、提携。1903年，友人樊樊山欲荐其任"内庭供奉"，齐白石谢绝回乡，修建了一处"借山吟馆"用以读书作画。1902年之后数年间，齐白石"五出五归"，游历中国大江南北，了解各地风土人情，结交了诸多名人文士，饱览了历代名家书画，可谓眼界大开。1919年定居北京，因学八大山人冷逸画风，不为时人所爱。在陈师曾的建议下，进行历时十年的"衰年变法"，自创红花墨叶一派画风。晚年印行《白石诗草》《借山吟馆诗草》（手写本影印）《白石诗草》（八卷铅印本）等。

作为湖湘籍书画家，齐白石自从艺伊始便打下了扎实的篆刻、诗文、书画功底，并终生保持着与湖湘师友的交往与切磋。据上文所述，除了众所周知的胡沁园和王湘绮，以及二位恩师周围所聚集的学子名士。其中，齐白石比黎松庵年长几岁，较黎锦熙则年长27岁，关系在伯侄与师友之间，细算起来有六七十年的交谊，并多有书信往来、艺事切磋。本文试图选取齐白石与黎松庵、黎锦熙父子或交流、或学习的例证，更为深入地探索湘籍文人名士对齐白石艺术的影响。

一、齐白石与黎松庵

在北京画院收藏的《白石诗草》（庚午至壬申）中记载了齐白石画枯蒲睡鸭的题句，诗后款署为："九日与黎松盦登高于宣武门城上，百尺城门卖断砖，西河垂柳绕荒烟。"① 此诗作于1930至1932年间。1931年，"九一八"事变，日本侵略者攻占中国沈阳。远在北平的齐白石悲愤交集，于重阳节与友人一同登高于宣武门城，并以沉郁基调作诗彰怀，表达其对国事的敏感与忧戚。而此次携手

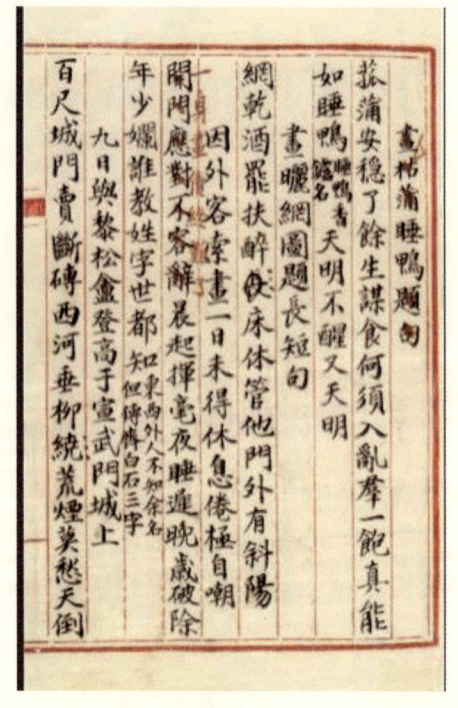

《白石诗草》（庚午至壬申）第五页 齐白石 纸本

---

① 北京画院.人生若寄：北京画院藏齐白石手稿–诗稿（下）[M]南宁：广西美术出版社，2013，12：474

登高的友人即齐白石的湘潭故乡发小、诗画之友黎松庵。

黎松庵（1870—1952），湖南省湘潭县晓霞镇石潭坝人。字培銮，号松庵居士。近代诗人，书法家。清光绪秀才，与其长子黎锦熙同中乡榜，在当地传为佳话。黎松庵以诗、书、画、印自娱，著有《楹联大观》《黎松庵书帖》等。

齐白石曾在"与黎松庵书"中自谓"以友兼师事公"[1]，"公"即指黎松庵。他的名字频繁出现于齐白石的年谱、传记、诗稿和信札之中。可见，二人关系之密切，渊源之深厚。其一，两人既是同乡，又是同里。1889年，黎松庵去竹冲塘胡沁园家，在那里认识了正在胡家习画的雕花木匠齐白石，自此二人便结下不解之缘。此后，又相继认识了王仲言、黎雨民、胡廉石、胡元等。届时，齐白石常与王仲言一起读书，而黎松庵亦将王仲言请到家里，作为其年仅4岁的长子黎锦熙的蒙教夫子，教读《三字经》《诗经》等。1894年，齐白石应黎松庵之邀，为其祖父黎大鄂先生画像，观王仲言诗词歌赋几许，跟罗真吾、罗醒吾兄弟商量，决定创办诗社。同年，齐白石在湘潭县五龙山成立龙山诗社。齐白石为社长，王仲言、罗真吾、罗醒吾等七个人为社员，号称"龙山七子"。黎松庵作为社外诗友，常常一起参加诗社活动。第二年，黎松庵与齐白石、王仲言等诗友商议，在家里组办诗社，取名为"罗山诗社"。诗社活动地址在诵芬楼，推选齐白石为社长，黎松庵佐理诗社事务。自此，他们便一起吟诗、作画、摹刻金石。

其二，黎松庵是齐白石学习篆刻的启蒙之师，二人互为切磋。这一说法有诗为证："谁云春梦了无痕，印见丁黄始入门。"后自注："余初学刊印，无所师，松庵赠以丁黄真本照片。"1896年，黎松庵为帮助齐白石治印，向齐白石赠以清代篆刻家丁敬、黄易治印拓片。齐白石对这件事终生难忘，且在《白石老人自述》中谈及："黎松庵是我最早的印友，我常到他家去，跟他切磋，一去就在他家住上几天。我刻着印章，刻了再磨，磨了又刻，弄得我住的他家客室，四面八方，满都是泥浆。他还送给我丁龙泓、两家刻印的拓片，我很想学他们两人的刀法。只因拓片不多，还摸不到门径。"[2]

---

[1] 齐良迟.齐白石文集[M].北京：商务印书馆，2005.3:209
[2] 齐白石口述、张次溪笔录.白石老人自述[M].南宁：广西美术出版社，2014.10:64

同时，齐白石在《白石印草》跋中言道：

"余之刻印始于二十岁以前，最初自刻名字印，友人黎松庵借以丁黄印谱原拓本，得其门径，后数年得《二金蝶堂印谱》方知老实为正，疏密自然乃一变。再后喜《天发神谶碑》刀法一变。再后喜《三公山碑》篆法一变。最后喜秦权，纵横平直，一任自然，又一大变。"①

这段话总结了齐白石刻印从初学、临仿到融会贯通、自成一体的六次变化过程，其中黎松庵的影响可谓功不可没。

1897年，黎松庵在家里建造一栋书楼，名为"诵芬楼"。楼内书柜、条桌、茶具等，皆由齐白石利用闲暇时间精心雕琢而成，小的摆件如笔筒、砚池盒、牛角盒、假山、小动物等也都经由齐白石细心雕饰，为书楼平添了几许姿色。他在一首题为《忆罗山往事》的诗中描述道：

"石潭旧事等心孩，磨石书堂水亦灾。同雨一天拖雨屐，伞扶飞到赤泥来（自注：松庵闻余得数印石，冒风雨来，欲与平分）。②"

诗中"磨石书堂水亦灾"，即指当时齐白石寄住在黎松庵家，向他学习刻印的一幕往事。"同雨一天拖雨屐，伞扶飞到赤泥来"说的是当黎松庵得知齐白石获印数枚的消息时，不顾当时下着雨，便穿着厚重的木屐，打着油纸伞，在泥泞的乡间小路上，向齐白石飞奔而去的情形，从侧面表达了黎松庵对治印的热爱，希望尽快见到印石的急迫心情。

其三，齐白石与黎松庵亦为诗词之友。齐白石曾作："今日羡君赢一著，儿为博士父诗人"，后加自注"松庵刊印，与余同学，其天资有胜于余，一日忽曰：'刊印伤目，吾不为也，看书作诗，以乐余年。'"。由此，可见齐白石对于黎氏父子的高度赞誉。二人同为罗山诗社社友，亦有诗云："退园云溪多同在座""归诵芬楼促坐清谈""颇能道诗中之三昧③"。齐白石所作纪事诗《丹枫黄菊画赠黎松庵》中云：

---

① 虢筱非.齐白石印艺[M]南宁：广西美术出版，2001.6:133
② 齐白石.齐白石自传[M]南京：江苏文艺出版社，2012.1:134
③ 齐良迟.齐白石文集[M]北京：商务印书馆，2005.3:208

"三十年前溪上路，丹枫乱落黄花瘦。与君颜色未曾凋，人影水光独木桥。"

这首也是齐白石赠给黎松庵追忆往事的诗歌，表达了两人之间的真情厚意。特别是在诗后加了自注："松庵居杉溪，溪上有独木桥，惟有耕者能过去，非行人桥也。松庵云：'有人能倒退过此桥者，吾愿以佳印石赠。'余近能得。①"，我们读了，似曾亲历，颇有亲切感。

1910年，齐白石结束了"五出五归"返乡居住。此后两年间，他经常造访黎松庵，每次住三四个月。两人相谈甚欢，抢登诵芬楼，焚香扫榻以居之，每日大门不出，谈诗论画，研印究法。北京画院藏黎松庵《诗稿》云：

"名满瀛寰老画师，笔端风格独嶔奇。寿门嫡派云门语，曾读山翁手写诗。不是逢人苦誉君（定菴句），年来造诣本超群。待君续集重编日，我亦商量作跋人。"字里行间，盈漾着黎松庵对齐白石诗文造诣的赞誉。

诗稿 黎培銮 25cm×17cm 托片 纸本

---

① 齐良迟.齐白石文集[M]北京：商务印书馆，2005.3:213

此外，齐白石还赠予黎松庵诸多画作，如《观音送子》《钟馗戮怪》《铁拐李》等。这些作品画工精细，尤其是《钟馗戮怪》，描绘的钟馗须发、眼神栩栩如生。黎松庵如获至宝，将这些画作逐一悬挂于其创办的杉溪学校的正堂正壁，每日皆要欣赏一会。诗友们来黎家，无不称其为"神品"。1911年春，齐白石又来长塘，黎松庵款待如初，向齐白石索要画作。其时，齐白石已习风景画，画技达炉火纯青，以水墨为骨，设色三、四，画山显峻峭挺拔，画树则苍劲茂盛。1912年，齐白石再送挚友石印、印匣、竹雕等。

1914年，黎松庵在北京结识诗人樊樊山，而齐白石1903年就结识了樊樊山，后成为挚友。因此，当樊见到黎松庵时，便问道："濒生还在习画吗？"黎松庵答："濒生兄仍在山居，每日习画、刻印，这几年成就不小。"樊闻言大悦："濒生勤习诗文书画，十分刻苦，将来必成大器。"黎松庵在信笺上题写七律四首，赠予樊樊山。樊得此诗稿，甚是欢喜。后他将诗稿转赠给齐白石，齐白石视为珍品，携至北京珍藏，并嘱其三子观摹诗稿，临习黎松庵书法。

1929年，黎锦熙在北京为父亲操办六十大寿，齐白石赠送国画数幅为寿礼，黎甚为喜爱。1931年，黎锦熙再接父亲入京。按罗山诗社旧例，重阳节是登高赋诗之日。这一天，黎松庵邀请老朋友齐白石登北京宣武门城楼赋诗。齐白石有感而发，即兴赋诗一首："莫愁天倒无撑者，锋峙西山在眼前……"黎松庵当时也作了诗，但没有保存下来，此事上文已提及。

四十年代，正值抗战时期，为躲避战乱，黎松庵再次到北京居住，当时黎家生活已近贫困，而齐白石在北京已有名气，靠卖画维持生计，求画者络绎不绝，家中略有节余。当他得知黎家生活窘迫，不顾自己年岁已大，自己扛了一袋子面粉，亲自送到黎家。1949年，黎松庵八十寿辰，齐白石以一幅隶书对联相送，题写："诗松长寿，与鹤同龄"，上下边款落的分别是："黎松庵诗兄先生八旬开庆"和"弟齐璜八十六岁戊子"。齐白石与黎松庵在早年家乡时，由诗书画印结下的深厚友情，余生与之保持书信来往，切磋艺事。且在《与黎松庵书》中感叹道："吾之所学，君能全知，惭愧对诸故人言。"

二、齐白石与黎锦熙

齐白石在93岁高龄时，赠予黎锦熙先生夫人贺澹江的诗中感叹道："难得当年快活时，贫家只有老松知，不妨四壁烟如海，燃节为灯夜作诗……"其中，"老松"指黎松庵，黎锦熙为黎松庵之子。

黎锦熙（1890—1978），湖南省湘潭县晓霞镇石潭坝人，字劭西，号鹏庵。黎松庵长子。10岁时，能作诗、绘画和刻印，并加入"罗山诗社"，师从齐白石学习绘画、治印和吹洞箫。1905年考取清末秀才，21岁毕业于湖南优级师范学堂。1914年，在湖南一师担任毛泽东的历史老师。1915年，黎锦熙在日记中约十余次提到，与毛泽东共同探讨学习与研究之法。早年曾参加同盟会。1946年，参与创建九三学社，是东山诗社最小成员。长期从事汉语语言学研究，曾任教北京大学、北京师范大学、西北联合大学，任中国科学院哲学社会科学院学部委员。23岁即出版专著《教育学讲义》，毕生共出版四十余部学术著作，发表两百余篇论文。

黎锦熙秉承家学，爱作诗。与齐白石情谊深厚，两人时常共同探讨诗文、艺术与教学。其所著《廿年纪事诗存》于1964年印行（油印本），1965年定稿本印出，全书共五卷，共收录近二百首旧体诗词，记录了其二十年的人生轨迹，内容涉及学术经历、歌咏社会现状、民情风俗与山川风物等等，勾勒了数十年间社会历史的轮廓，同时保存了大量珍贵的史料。又有诗集《邵西诗存》出版，被专家评论为"诗中有史，史中有诗"。对于齐白石的诗，黎锦熙有很多的研究和品评，尤其在文章《齐白石的诗》里阐释得十分通透。

齐白石与黎锦熙亦常有书信往来。他在一封写给黎锦熙的信中提道："尊大人与璜别后，三上书，只得一答。老书生胆小避乱之沪。沪如此，尊大人处能无枪声否？璜甚念之。新年以来有家书否？如常通音问，乞转示我为幸。先请尊太夫人福安。"①由此可见，齐白石与黎锦熙之父黎松庵之间的友情，并未因时代

---

① 政协湘潭县委员会文史资料研究委员会.湘潭县文史第4辑[M]政协湘潭县委员会文史资料研究委员会，1989，1:281–283

的斗转星移而黯然褪色。

齐白石早年诗稿大多遗失，仅仅留下来抄本《寄园诗草》。《寄园诗草》中多数是与"罗山诗社"和"龙山诗社"社友黎松庵、王仲言、罗真吾、罗醒吾等交游唱酬所作，还有少数写景与题画诗作。黎锦熙将其编入《白石诗草补编》（第一编）。1948年，由胡适、黎锦熙，邓广铭合编出版了《齐白石年谱》，黎锦熙为其作序。黎锦熙编辑了《齐白石作品选集》，1959年由人民美术出版社出版。而齐白石在《齐白石作品选集》自序中道及："友人黎劭西先生并为审订，以待众评。"，可谓印证了此事。此外，黎锦熙还编辑了《齐白石诗集序例》和《齐白石诗选》等。

齐白石与黎锦熙交往过从甚密，论社会地位，当属文豪画斗，相得益彰。1957年，齐白石逝世。黎锦熙作为治丧委员会的成员，为其送挽联，上面题写：

"平分岳岫属通家，识公最早，契我尤深，总角待先严，牵裾曾记陪诗酒；乔审京华悬画笔，取景通真，写生如跃，艺材推泰斗，流凤韵满江山。[①]"

在黎锦熙的诗集里，收有他一九五七年九月挽齐白石的诗："父执晨星陨，佳城白石留。百龄输两载，万里喑三秋。"诗文不仅对齐白石高度赞誉，还深切表达了缅怀之情。

齐白石过世后，黎锦熙有感于齐白石的"自诩能诗"和"自谓诗优于画"，特将其生平诗再次初步结集，集中一、二辑于1967年由叶遐奄先生校订，两辑以外的遗稿，则由齐白石的四子、五子和嫡孙齐佛来搜集完成。

此外，黎锦熙是齐白石的忘年之交，也是黎氏家族中成就卓著的代表人物。其父黎松庵曾是晚清秀才，可谓当地远近闻名的文人学士。他素以"尚学、自强、向善"的家训严格要求子女，既重国学根基，又尚"新学"，广泛涉猎现代科学文化，培养子女独立思考的进取精神。正是在黎松庵的悉心教导之下，黎家子女皆在各自领域引领风骚，世称"黎氏八骏"。

如：黎家老二黎锦晖为杰出音乐家，中国新歌剧、通俗歌曲、儿童歌舞剧的

---

① 罗家宽，孙亚军.胡适版《齐白石年谱》管窥[J]中国书画，2020（6）:123

开拓者；老三黎锦耀乃中国矿冶学家，曾任二十世纪三十年代中华矿学社主事；老四黎锦纾是中国著名教育学家，为农村普及文化做出了巨大的贡献；老五黎锦炯是我国著名铁路桥梁专家，亦是我国北方第一座铁路大桥——滦河大桥的设计者；老六黎锦明于三十年代参加左翼作家联盟，为著名作家；老七黎锦光为黄埔三期学员，曾参加北伐战争，后成为著名作曲家；老八黎锦扬著名美籍华人作家。可以说，湖南湘潭黎氏一家，在中国革命与建设的事业中倾尽毕生努力，为祖国人民作出了力所能及的贡献。

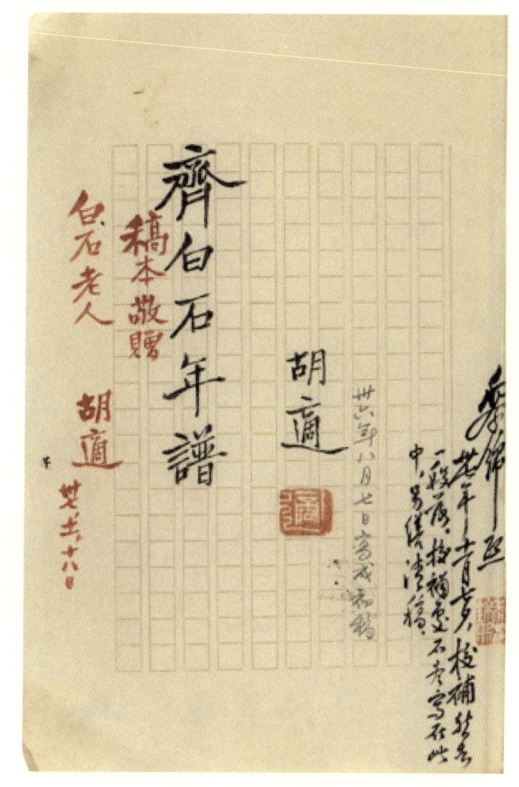

《齐白石年谱》 胡适 黎锦熙 28cm×21cm

毛泽东曾说："一部《红楼梦》反映了近百年中国上层社会的横断面。一部《金瓶梅》反映了近百年中国下层社会的横断面。'湘潭黎氏'一门反映了近百年中国国共两党的横断面。"

三、《齐白石年谱》及其人和事

胡适提倡写作传记文学作品。1946年秋，齐白石携着一包资料来到胡家，邀请他为自己撰写年谱。应白石老人之邀，胡适、黎锦熙和邓广铭合编了《齐白石年谱》，现藏于北京画院。编纂起于同治二年，止于民国三十七年，内容翔实，较为完整地梳理了齐白石1949年以前的生平经历，文字精要，剪裁得当，并得到白石老人的认可，成为研究齐白石的珍贵资料。

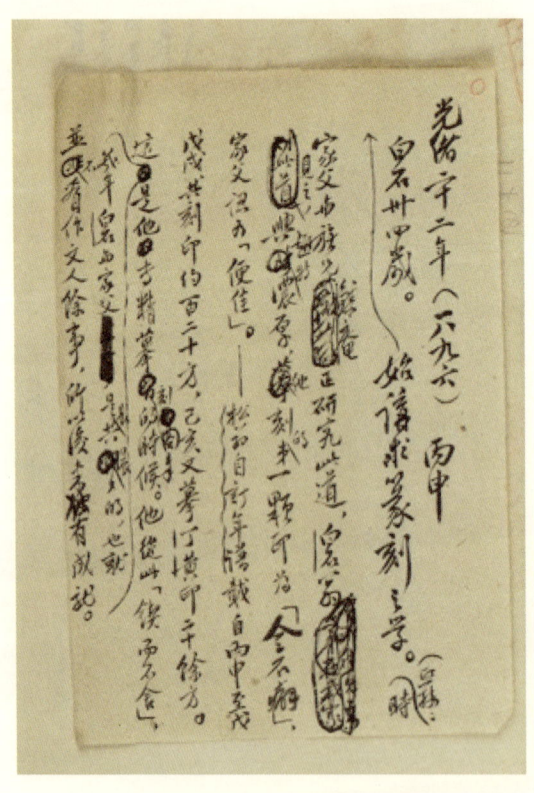

《齐白石年谱》 胡适 黎锦熙 28cm×21cm

释文：齐白石年谱稿本敬赠白石老人。胡适。卅七，十一，十八日。钤印：适（白文）

释文：卅六年八月七日写成初稿。卅七年十一月七夕，校补暂去一段落，校补处不尽写在此中，另缮清稿。黎锦熙。钤印：黎锦熙（白文）

释文：光绪二十二年（一八九六）丙申

白石卅四岁始讲求篆刻之学。（熙按：时家父与族兄鲸庵正研究此道，白石翁见之，兴趣特浓厚，他刻的第一颗印为『金石癖』，家父认为『便佳』。《松翁自订年谱》载，自丙申至戊（衍一字）戌戌共刻印约百二十方，己亥又摹丁黄印二十余方。这几年白石与家父是长共晨夕的，也就是他专精摹刻图章的时候。他从此『锲而不舍』，并不看做文人余事，所以后来独有成就。

　　这个版本的《齐白石年谱》是齐白石生前很看重的一部年谱。[①] 1947年，《齐白石年谱》由胡适完成初稿，定名为《白石片述编年》。在编写初稿的过程中，胡适发现齐白石自己整理撰写的传记资料中，有很多需要重新考订之处。考虑到齐白石与黎锦熙家是世家，两家来往较为频繁，熟悉齐白石的生平和湘潭境内齐白石交游诸人情况，当然非黎锦熙莫属了[②]。于是，胡适便将初稿交由黎锦

---

① 邓广铭.邓广铭全集第10卷书评序跋杂著[M]石家庄:河北教育出版社, 2005, 7:102
② 苏育生.胡适左右[M]西安：三秦出版社, 2017.9:154-155

熙，请他帮忙考订，解决当中的疑问，补充不足之处。自1948年7月起，黎锦熙多次与齐白石促膝谈话，寻找需要补充和待核实的材料。他花了半年时间修订了一些错误，补充了许多宝贵材料。黎锦熙有记日记的习惯，他在年谱中多处添加按语，比较多地采用日记作为旁证材料，细枝末节，皆现笔端。

此外，黎锦熙还为《齐白石年谱》作序，序中表示："参加撰写他的年谱，其所谓义不容辞，责无旁贷。"因此，《齐白石年谱》能够顺利编写下来，得益于黎锦熙的帮助，尤其是，在黎锦熙的协助之下，胡适得以理顺了年谱的纪年。对此，胡适曾说过，黎锦熙的贡献有四："一是查清了齐白石将年龄说大两岁的原因；二是增补了齐白石做木匠时期许多充实、生动、有趣的资料库；三是提供和引用了齐白石在绘画和刻印方面的很多资料；四是用他自己的日记考定了齐白石许多活动的年月。[12]"1949年，《齐白石年谱》完成定稿，交由上海商务印书馆出版印刷。

释文：光绪二十五年（一八九九）己亥

白石三十七岁。影摹丁黄印谱，篆刻大进。（黎戬斋《记白石翁》云：『黎鲸庵太史自蜀归田……出西泠六家中之丁龙泓、黄小松两派印影摹之，翁刀法因素娴操运，特为矫健，非寻常人所能企及。……翁之刻印，自胎息黎氏，从丁黄正轨脱

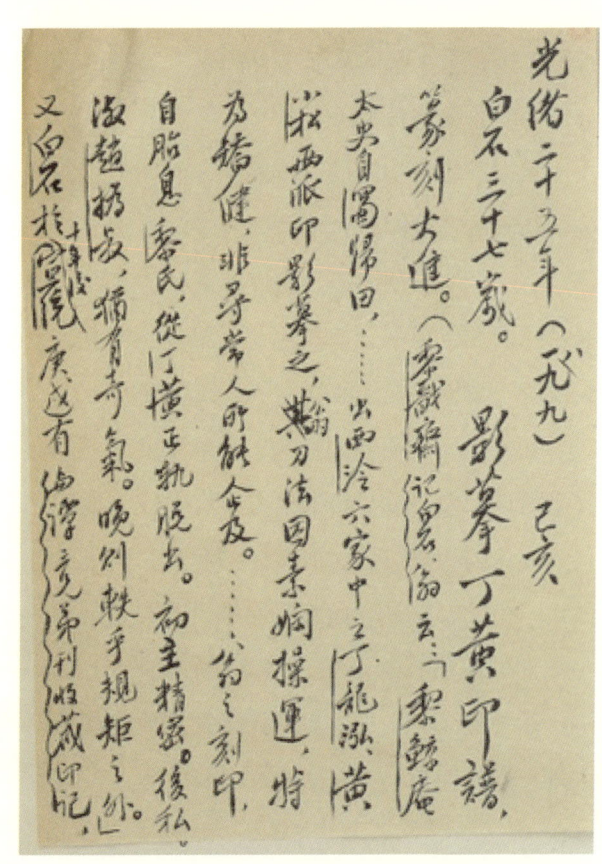

《齐白石年谱》胡适 黎锦熙 28cm×21cm

出。初主精密。后私淑赵□叔，犹有奇气。晚则轶乎规矩之外。』又，白石于十年后（宣统庚戌）有《与谭三兄弟刊收藏印记》。

四、结语

齐白石一生艺术成就斐然，除却本人悟性之高、刻苦勤奋、技艺精湛，博学自强等因素外，亦与黎氏父子关联甚大。黎松庵、黎锦熙父子出身世家，才识俱备。他们与齐白石之间有共同的喜好和话题，恭敬互勉，结下了数十年的深厚友谊。笔者在对他们的交往进行考证的过程中，对他们的交往史提出几点拙见：

第一，他们的成长环境是他们交往频繁的基础。他们都出生于湖南省湘潭县，湘潭自古以来人杰地灵，民风淳朴。湖湘文化和人文艺术环境的熏陶以及漫长历史进程中汇聚的多元文化因素，为齐白石、黎松庵、黎锦熙等人的未来发展与外界的关联培育了沃土。

第二，在齐白石的交友圈中，时间最长，情谊最深的当属黎氏父子。他们有一个共同的交往圈，包括共同的老师、师傅、朋友及其他社会关系，如家乡的毛泽东、王湘绮、胡沁园、杨度、王仲言等，交游中结下了樊樊山，在北京时交往甚密的朋友就更多，如胡适、郭沫若、梅兰芳、徐悲鸿、陈师曾等。但齐白石与黎松庵、黎锦熙父子的交往一直未曾间断。

第三，齐白石与黎松庵、黎锦熙父子之间有过"分石"、赠石、登楼吟诗、促坐清谈、赠书画、传书信等事宜，成为他们之间寄托友情的妙趣种种，也是两代人交往的历史见证。而年谱的编写，则成为他们两家友情的延续。与此同时，黎氏"尚学、自强、向善"的家风，与其秉承的自由创新的求知精神，不仅建构了湖湘学派的精神面貌，更是对齐白石的人生道路与艺术追求产生了深远的影响。基于此，齐白石在以"黎氏"家风为内核的湖湘文化熏陶中成长为近代绘画大师，既是偶然，更是必然。

（潘莉，湘潭市博物馆馆长）

郭小石笔下那份白石情结

萧建民

【内容提要】 二十世纪五六十年代，湘潭艺术界活跃着一位传奇式的人物——郭小石先生。他有着显赫的家世，较高的艺术水准，是当时艺术界无人不知、无人不晓的艺术家。后因多种原因沦落至拾荒为生，声名逐渐淹没在历史的长河中，鲜为人知。本文通过只言片语、蛛丝马迹的史料，浅析郭小石心中的那份白石情结。

【关键词】 郭小石；齐白石

郭坚（1911—1977），字文韶，号岩之、墨奴、小石、烟翁等。湖南湘潭人。祖父郭松林（？—1880年），字子美，湖南湘潭人（今株洲县雷打石镇脉湾村）。晚清湘军名将，参与平定太平天国和捻军运动，平西捻，赐黄马褂，予轻车都尉世职，授湖北提督，调直隶。光绪六年，卒于官。优恤，建专祠，谥武壮。

父郭仁凯，字乔生。

四叔郭人漳（？—1922年），字葆荪，号憨庵，以世荫得道员。历任山西道台、江西和两广巡防营统领。后任新军协统。入民国，为国会众院议员，湖南查办使，是齐白石的至交。光绪二十八年（1902）郭葆荪致长函力劝齐白石："无论作诗作文，或作画刻印，均须于游历中求进境。作画尤应多游历，实地观察，方能得其中之真谛。古人云，得江山之助，即此意也。作画但知临摹前人名作或画册画谱之类，已落下乘，倘复仅凭耳食，随意点缀，则隔靴搔痒，更见其百无一是矣。只能常作远游，眼界既广阔，心境亦舒展，辅以颖敏之天资，深邃之学力，其所造就，将无涯矣，较之株守家园，故步自封乾，诚不可以道里计也。关中夙号天险，山川雄奇，收之笔底，定多杰作。兄仰事俯蓄，固知惮于旅寄，然为画境进益起见，西安之行，殊不可少，尚望早日命驾，毋劳踌躇。"

郭葆荪虽行伍出身，却也知书达理，富金石书画典籍收藏，此函力劝齐白石"行万里路，胜读万卷书"。并将束脩和旅费汇寄给齐白石，是齐白石"五出五归"鼓动者。

郭小石自幼聪颖，蒙承家学，对艺术情有独钟。他十七八岁客居北平，开始与齐白石交往，尔后转益多师，向长沙雷氏三兄弟雷恺、雷恪、雷悦学画，向杨钧（字仲子，杨度之弟）学习古文。杨钧的姑母是郭小石的祖母，母亲是郭小石的舅祖母。

郭小石诗书画印皆擅，铜刻、瓷刻亦有涉猎。篆刻得齐派精粹，绘画与齐白石画风相似。画先从工笔入手，师恽寿平、仇英；山水学马远、夏圭、齐白石；治印师齐白石，又参汉印法；书法宗《张迁碑》《礼器碑》《郑文公碑》《二爨》《黑女志》《崔敬邕墓志》《郑文公碑》等碑；小楷学唐人写经及赵孟頫。有手拓孤本《岩之草堂印谱》行世。

青年时期的郭小石兴趣爱好广泛，触类旁通，京剧是"扶风会"票友、武术拜杜心武等名家为师，郭小石从小喜欢下围棋，十岁拜国手姜作梅、姜鸣皋兄弟为师。

1934年，24岁的郭小石娶徐特立的堂侄女徐淑纯为妻，齐白石赠《荷花鸳鸯图》。徐特立、徐桢立兄弟则分别赠书法、山水画各四幅为贺。

"文革"期间，郭小石处境日下，行动受到管束，以拾荒为生。家中金石书画典籍散尽，吟诗作画停滞。作者根据二十多年来跟踪并掌握郭小石的作品流向，作品存世量未逾百，家传不过一二幅。在湘潭，大概只有周宗岱、敖普安、康昭言等少数几位当年与郭小石有交往的艺术家、朋友，对郭小石的生平、艺林趣事如数家珍，从他们的口述及回忆录中，我们粗略了解到郭小石其人其事。

一、郭小石生平一二事

郭小石与齐白石为世交，年轻时收藏齐白石的画不在少数。"文革"期间，郭小石有两挑箱共一百多张齐白石各个时期的画作，据康昭言说藏于唐兴桥墩下，被人发现举报，革委会令郭小石限期上交，造成郭小石收藏齐白石的作品全部散失，部分作品还被农妇拿来剪鞋样、糊窗子。

1980年代初，上海人民美术出版社出版《艺苑掇英》杂志上刊登部分郭小石上交革委会的齐白石作品。也就是说，郭小石收藏的齐白石两箱画，除部分被毁外，余者被纳入博物馆馆藏，否则，《艺苑掇英》杂志不会刊登这批劫余作品的图片。这批作品中，最重要的一幅作品，是齐白石为郭小石画的《岩之草堂图》。图中记载了两人之间的交游，也是两人交游考证最重要的史料，假以时日，《岩之草堂图》能够重回人们的视线，将是一件幸事。(3)

另外，广东博物馆藏宋版《朱文公校昌黎先生文集》，共20册，存目录一卷，文集四十卷，外集十卷，传一卷，遗文一卷。此集属唐五代别集类，是一部唐韩愈撰写的作品总集。朱熹点校。版框高19.7厘米，宽12.6厘米，顺向双黑色鱼尾，每卷卷首鱼尾之间刻花纹（卷25例外），其他面的鱼尾之间则多刻"昌文"加卷数，也有"昌"加卷数，"昌外"加卷数和"昌文传""昌遗文"字，下鱼尾与下黑口之间印页码。

此册就是从郭小石手中流散出去的，此册流传有序，弥足珍贵。藏本共钤印40多种，自明代吴宽、清代倪国琏、郭松林、郭小石、唐醉石、李鸿球、邵日昭、李静等人的收藏印，共200余枚。

郭小石在此册上钤印有23方："郭小石""小石""小石私印""小石藏书""郭小石珍藏书画之印""小石山房""湘潭郭坚""坚之铢""郭文韶印""岩之草堂""岩之逸民""烟翁""烟翁宝藏""墨奴""墨奴藏书""石隐""石隐斋""湘潭居士""子美之孙""郭氏家藏"以及"邨郭居

士"等。

从这23方印里透出的信息量比较大，其中"烟翁"证明郭小石曾经与齐良琨一起吸鸦片的历史。册上有"石隐"一印，说明此册应佚散于土改之后。

郭小石决计以书画艺术自立于社会，他要求土改工作队出具了一张身份证明，同意他在湘潭市以卖画刻印为生，即在市内九总街开设"石隐斋"经营书画刻印，"石隐"意，表白自己静下心来自食其力专事书画篆刻。

二、郭小石存世墨迹的由来

2021年初，我多次托人在湘潭市档案馆反复查找郭小石个人档案信息，均无功而返。目前只有通过郭小石存世的作品来佐证郭小石与齐白石的师承关系，作者曾收藏29幅郭小石的墨迹，是他1975年前后创作的作品，流传有序，真品无疑。流传的整个过程，敖普安是这样表述的：

1975年春，康昭言突然告诉我："郭小石老师接到江西的一封信，叫他画些画去卖钱"听到这个消息，我和昭言非常兴奋，心想这下好，可以改善小石老师的生活了，一种让郭老师风光一下的心情油然而生。于是两人商量：鉴于我家的政治条件不好，光线也不充足，恐邻里检举，造成犯错误，不宜在我家作画。昭言家比我家偏僻，他的父亲虽然也戴着"历史反革命"帽子，但老人家一直在泥木工程队工地上班，长期不在家住，邻居是他的远房侄子，居委会无人注意。1972年，我去杭州出差买回的安徽宣纸、上海101油烟墨和上海国画颜料，自己舍不得用，正好可以给郭老师用。这样就决定：我把纸笔工具带去康宅，再约郭老师去作画，由我侍之几案，由昭言准备饭菜。隔了几天，三人聚于康昭言家——曲屋，郭小石作画，我磨墨理纸，昭言边做饭菜边观摩。开始那一天天气很好，在全封闭的环境中，三人心情也轻松愉快。昭言又拿出家藏的一支嘉庆古墨来，郭小石很喜欢。从上午八点多钟一直到天黑，三人忙了一整天，中午都没有休息。郭小石一动手画起来，情绪很兴奋，多少年被压抑的心情被释放开，他好像回到了从前的岁月,好纸好笔墨,他画的效果也好。虽然开始时有点生疏,但不久就适应了。他边画边说"在这里,在这里!"他的技术很娴熟,落笔不假思索,横涂竖抹,任意挥写,有时还将毛笔夹在口中衔一下,立即又向纸上画去,全然不顾口中濡染着笔尖上的墨和色,简直达到一种"忘我"的状态。他边画边跟我聊,既谈笔墨技法,又谈些方方面面的小事,包括与齐白石的交往,谈得眉飞色舞。他说齐白石的艺术精神实质是创造,学古人的东西要参入自己行为主见。他举例说:"齐白石画虾头,三点,我画虾头,两点……"他又说:"中国画最讲究笔墨,用笔尤其重要,要笔笔有碑意。""画家要有文学素养。齐白石作画有时忘乎所以,青藤上画上蝉,提款'青藤误当秋虫,王维雪里芭蕉。葆生五弟,非有心为也'……"他画了几张小品,就开始画大件。大件难画,但可能卖得起价。他画了两张四尺整纸,其中一张葡萄画得太满,构图不太理想,正在琢磨如何办。我在旁心生一计,把这张画横中一折,变成两张条幅。郭老师一看,两张条幅构图都好,他喜出望外地说:"好办法!干脆我来画,你帮我剪裁。你把那几张画都检查一遍。"我没有立即这样做,只是一直守候在旁理纸。直到下午天黑结束时,才与郭老师一同对所有画的章法进行了检查,只有几张在征得他同意后稍做了裁剪。这一天,总共画了大大小小二十来张作品,有山水、花鸟、人物、昆虫,有四尺整张,也有条幅,中堂横幅斗方,可谓美不胜收。根据来信人的要求,画上一律不具款、不盖印。经我询问,才知道来信人是齐xx,在江西省工作。信中说这批画是给外国人,卖了会寄钱来的。

这次所作的画,除我和昭言留一些小品作纪念外,精选了大约30多张,由郭振益以挂号信寄给齐××,以换得润笔费,解生活燃眉之急。

郭振益为郭小石之子。1975年春,郭小石创作的这批画作约50余幅,最后一分为三,敖普安老师、康昭言各分小品约10余幅。笔者手上的郭小石先生墨迹,就是郭小石当年留给康昭言的那一部分。

图1 郭小石当年绘画使用的那条嘉庆古墨残块

我是1997年通过敖普安老师认识他的同学康昭言的,康昭言为了提高我的艺术鉴赏能力,把他寄存在敖普安老师家中郭小石的画作二十余幅借我临习。与画作一起交给我的,还有谢梅奴、黎泽泰印各一方,一点郭小石用过的老墨条。(图1)

康昭言属于残孤老人,晚年一贫如洗,家住十八总老式平房里,离望衡亭约150米左右,饭桌、床都是用砖头填起做脚,家中无一新物。靠救济低保为生。康昭言平生又讲义气,身残志坚,常帮扶朋友,后为帮朋友集资做项目,先后从我手上拿走15000余元,结果被骗得血本无归。康昭言以此批画作为抵押,不几年,康昭言去世,这批珍贵的作品就留在我家。

1975年郭小石寄走江西那批画后，康昭言继续与郭小石保持联系，郭小石先生也断断续续为康昭言画了一点命题作品，两人一起无话不谈，直到1975年年底。作者特意从这批墨迹中挑出4件代表性的作品《牡丹蜻蜓图》《山水图》《仕女图》《龙虾图》等四图（图2、3、4、5），是郭小石先生晚年极少几幅亲自落款的力作。从1975春到冬，两人的交游尽在画中，四图代表了郭小石艺术水准。

　　"文革"期间，郭小石作画从来不在画上署款，一是怕惹上麻烦，二是家徒四壁，没有纸墨笔砚，三是受管制的对象，别人轻易不敢提供作画的场所。在当时的政治环境里，能激发郭小石创作热情，让郭小石先生放心在赠予的画作上落款，一是先生对自己的作品较满意，同时，间接地佐证了康昭言与郭小石两人之间的友情非同一般，康昭言的人品郭小石是信得过的。

　　在这批画的创作过程中，还曾经出现过一段小插曲：郭小石、康昭言躲在"曲屋"中绘画，突然进来一位革委会的人，见郭小石在画虾，便大声呵斥，郭小石见来人，先是一惊，后是低头继续作画，直到全部画完停笔。这幅《墨虾图》成为半截活虾半截死虾，画的下半部分虾身明显有接的痕迹。通过此事，康昭言反复提醒我，今后书画创作，讲究的是一气呵成。现在想起来，真是受益匪浅。

　　两年后，郭小石先生在悲惨中去世。这批遗留下来的作品，是郭小石先生留给后人为数不多的艺术珍品。成为郭小石先生晚年的绝唱。

二、从郭小石存世墨迹风格分析他的白石情结

　　作者先后收藏郭小石墨迹共29幅，郭小石原款4幅，敖普安题跋5幅，余者均无款。现存目如下：

序号	作品名称	尺寸	材质	形式	款识
1	蜻蜓牡丹图	25.5cm×78.8cm	设色纸本	镜片	乙卯夏日，石隐老人写于古潭。押白文"小石印""小石"
2	牡丹图	27.3cm×78.8cm	设色纸本	立轴	乙卯。敖普安老师补年款。押白文印"郭小石"。此印为敖普安老师刻。
3	葡萄图	34.3cm×75cm	设色纸本	立轴	郭小石先生乙卯岁画。戊寅五月普安敬题于湘潭望衡亭下。押朱文印"普安""郭小石"
4	葡萄蚱蜢图	29.8cm×67.5cm	设色纸本	立轴	郭小石先生遗墨，戊寅初夏，后学普安谨记于湘潭城南。押朱文印"普安""郭小石"
5	牡丹图	27.5cm×76.7cm	设色纸本	镜片	无款。（转赠李光社）
6	玉兰图	35.4cm×78.1cm	设色纸本	镜片	无款（转赠邓丽华）
7	壳虾图	27cm×77.5cm	设色纸本	立轴	白石老人画虾法。乙卯春日小石制。押"建民珍藏"印。
8	墨虾图	27.5cm×76.3cm	纸本	立轴	五龙图。郭小石先生画。普安敬题。押白文印"普安"、朱文印"敖"。（转赠锰矿刘勇）
9	山水图	34.5cm×94.5cm	设色纸本	立轴	昭言兄索画写此，以应乞正之。乙卯秋日，石翁制。押"郭小石"印。
10	纨扇仕女图	33.5cm×77.cm	设色纸本	立轴	晚凉新浴罢，团扇立当风。自觉云鬟乱，慵将玉手拢。丝丝蒙粉面，馥馥散花丛。巧语呼郎出，为侬挽要松。乙卯冬月应昭言吾兄雅命，石翁制。押"郭小石"印。

续表

序号	作品名称	尺寸	材质	形式	款识
11	牡丹螃蟹图	38.2cm×109.8cm	设色纸本	立轴	无款。
12	山水图	38cm×110cm	设色纸本	立轴	无款。（转赠敖春安）
13	蜻蜓点水图	33.2cm×33.2cm	设色纸本	镜片	花雨三千境界开，芙蓉仙侣远凡胎，莲房露冷脂香淡，款款蜻蜓出水来。郭小石先生遗墨，后学敖普安敬题于融雪斋。押"敖普安"印、"无中生有"印。
14	小鸡芙蓉图	34cm×68cm	设色纸本	镜片	无款。
15	菊蟹图	44cm×98.2cm	设色纸本	镜片	无款。
16	三友图	43.4cm×103.2cm	设色纸本	镜片	无款。（杜鹃芭蕉竹叶）
17	牵牛图	34cm×68cm	设色纸本	镜片	无款。（转赠李谓强）
18	花卉十二屏（秋菊图）	22cm×66cm	设色纸本	镜片	无款。
19	花卉十二屏（雁来红图）	22cm×66cm	设色纸本	镜片	无款。
20	花卉十二屏（芙蓉水鸟图）	22cm×66cm	设色纸本	镜片	无款。
21	花卉十二屏（芙蓉图）	22cm×66cm	设色纸本	镜片	无款。
22	花卉十二屏（秋菊图）	22cm×66cm	设色纸本	镜片	无款。
23	花卉十二屏（牡丹图）	22cm×66cm	设色纸本	镜片	无款。
24	花卉十二屏（寿桃图）	22cm×66cm	设色纸本	镜片	无款。
25	花卉十二屏（长寿图）	22cm×66cm	设色纸本	镜片	无款。

续表

序号	作品名称	尺寸	材质	形式	款识
26	花卉十二屏（锦葵图）	22cm×66cm	设色纸本	镜片	无款。
27	花卉十二屏（石竹花图）	22cm×66cm	设色纸本	镜片	无款。
28	花卉十二屏（绣球图）	22cm×66cm	设色纸本	镜片	无款。
29	花卉十二屏（凤仙花图）	22cm×66cm	设色纸本	镜片	无款。

就郭小石存世的晚年作品看，主体格调没有跳出齐派藩篱，无论从立意、用笔、用色三个方面评判，均与齐白石画风相同，用笔简拙生辣，用墨大胆淋漓，处处见笔，笔笔见情见趣，境界相伴而来。中国艺术的发展规律告诉我们，文人画的传统具有无穷无尽的生命力，师承之间，只能意会不能言传，两者之间不是简单地照搬或模仿能够做到的，是要下真功夫，难度当然显而易见。仔细品味两者之间的共性和差异，郭小石的画作与齐白石画风在细微上还是有一定的区别，根本原因在于晚年的郭小石从生活上来了个极富到极贫的转换过程，画作所表现出来的意趣，自然与齐白石有了区别。

齐白石在自传中提及58岁变革有一段话：

我那时学的是八大山人冷逸的一路，不为北京人所喜爱，除了陈师曾以外，懂我画的人，简直是绝无仅有。……生涯落寞得很。师曾劝我自出新意，变通画法，我听了他话，自创红花墨叶一派。

"生涯落寞"恰好是郭小石晚年的生活写照，于是在"红花墨叶"中略参徐渭、蒲华贫困潦倒的画风，真实地再现了郭小石晚年的处境，苦涩的岁月，复杂而扭曲的心态，发之笔端，呈现的便是荒漠凄凉的冷逸效果。

不同才是艺术。走着一条共同的道路，并不能保证艺术的成功，只有在共同中有不同的艺术表现，才有自我的存在，才有艺术可言。如《龙虾图》款云："白石老人画虾法，乙卯春日小石制。"

郭小石于乙卯春即1975年春，所画的虾（图2），仿的就是齐白石的画虾法，但仔细观察，两者之间略有不同。齐白石画虾头为三点墨，郭小石画虾头为两点墨。齐白石画虾身为四点墨，郭小石画虾身为三点墨。郭小石称他画的虾是"壳虾"，化繁为简，郭小石能够师古不泥古，确有他的高明之处。其《山水图》（图3）与齐白石早年《避世山居图》《松林听风图》类似。化繁为简，设色清雅，简洁爽快，浓重的墨点铺排出郁郁葱葱的山峦，意境空灵，宁静平和。

《牡丹螃蟹图》（图4），取对角构图，中间留出大量空间产生张力，画得虽少，反倒更加引人注目。牡丹率意洒

图2 郭小石《龙虾图》

图3 郭小石《山水图》

图4 郭小石《牡丹螃蟹图》

脱，恣肆纵横，一枝斜插飞动而来，与浓淡相间的一对螃蟹遥相衬托，螃蟹还在造型和方向上近似或变异，使视觉获得触动和平衡。

《纨扇仕女图》款云："晚凉新浴罢，团扇立当风。自觉云鬓乱，慵将玉手

郭小石笔下那份白石情结 | 057

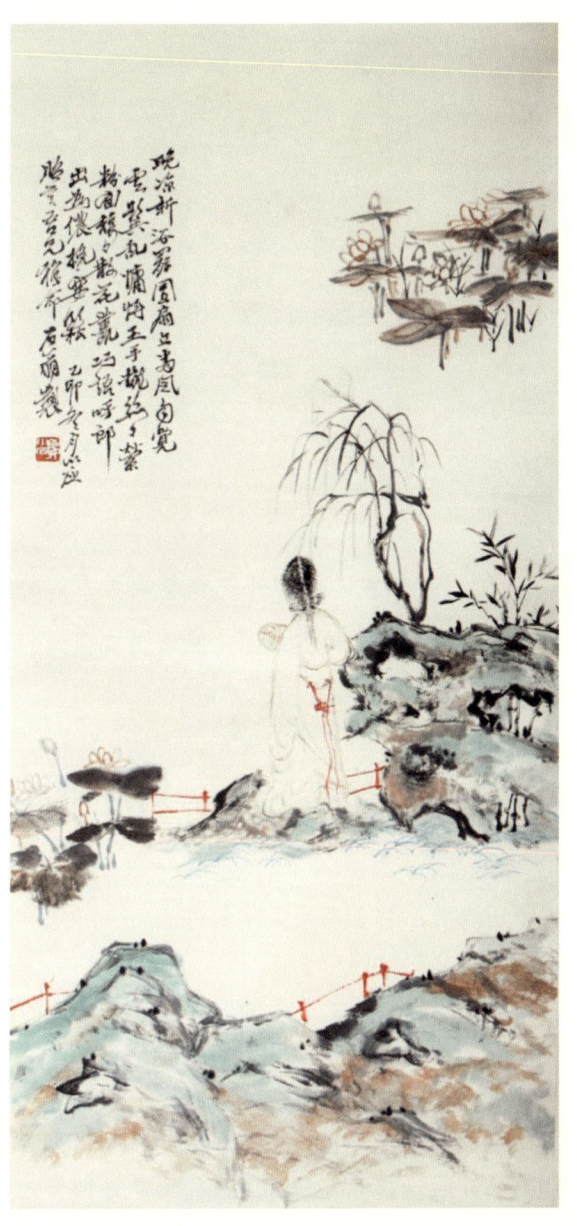

图5　郭小石《纨扇侍女图》

拢。丝丝紫粉面，馥馥散花丛。巧语呼郎出，为侬挽要松。乙卯冬月应昭言吾兄雅命，石翁制。"

《纨扇仕女图》（图5）取张大千诗意。画中仕女，面观池上芙蓉，背衬体态婀娜，气质娇贵，具有一种貌美华贵的动态，人物线条流畅劲健，所配的景观廖落，草率几笔，映衬出园林的凄凉，美人的惆怅。

综观郭小石的一生，他的显赫家世，他的学识，他存世的画作，都可以印证他与齐白石之间的关联，一笔一画，尽得齐白石笔墨情趣，从郭小石少数题画款识书法来看，也是学的齐派一路。两人面貌相同，但才情各异，这点与西泠八家之间篆刻类似，本文不再赘述。

（萧建民，中国书法家协会会员、宜兴陈曼生研究会会长。）

齐白石与南泉黎丹交游考

唐 风

摘要：齐白石与黎丹相交于青年时期，他俩在一起相处了整整六年多的时间，后因黎丹赴任外省，从此人隔天涯。虽然如此，他们之间一直都没有因此断过联系，晚年的齐白石对黎丹仍旧念念不忘。

齐白石早年曾赠黎丹诗一首，其中有两句："好学始知贫不贱，论交何幸友兼师。"这应是对两人一生之间的交游作了最好的总结。齐白石与黎丹自相识之日起便无分贫富，自始至终亦师亦友。

关键词：南泉黎丹；龙山诗社；罗山诗社；黎母画像；赠黎丹画

一、引言

齐白石早年在乡间写诗学印，交往颇多的黎家人有：长塘黎松安及其长子黎锦熙，皋山黎薇荪及其子黎泽泰，其弟黎铁庵。这五人与齐白石往来，知情者多且有不少文字论证与记录。

南泉黎丹与齐白石关系密切程度比起上述人等，有过之而无不及。而论南泉黎丹与齐白石交游的有关文字，将过程说得深入透彻的却不是很多，即便有所体现，行文往往简单、笼统。且无不把他从南泉直接划入了皋山。

有感于此，经查阅《湘潭黎氏族谱》《黎丹生平》《白石老人自述》及各类相关的文字、图片等，试着理顺考证齐白石与黎丹生前的交游。

在进入正题之前，首先简单梳理一下三地三黎家的基本情况。

（一）长塘黎家

"……绪周房下第十五代分支，是以黎葆堂为始的家庭。是绪周文先房朝宾支珽裔希昌之后裔。黎葆堂单传黎松庵，黎松庵生八子，便是长塘黎氏八兄弟，八兄弟出生在长塘。长塘（湘潭县中路铺菱角村）黎家后来分作了八房，锦熙房、锦晖房、锦耀房、锦舒房、锦炯房、锦明房、锦光房及锦扬房……"

南泉冲黎家湾

黎丹老宅砖墙

黎松庵（培銮）及其长子黎锦熙，是黎丹的远房本家叔祖、叔父。黎松庵、黎锦熙父子无论原先在故乡湘潭还是后来迁居北京，与齐白石过从甚密。

（二）南泉黎家与皋山黎家

"……尊周房……黎千侖（希崑）一支。黎千侖有四子。长子黎书文（祚读）和幼子黎汉之（祚广）于乾隆年间，由十都祖居凳子岭辗转几迁，至九都五甲南泉冲定居……黎汉之的曾孙黎简堂（培敬），出生在黎汉之的"南泉旧第"，黎简堂长子黎佑生（锦缨又名桂坞）长孙黎丹（雨民）仍居长岭铺南泉旧第。而继配王夫人和子女返乡定居茶园铺皋（高）山，成为"皋山黎家"……"（黎氏族谱）

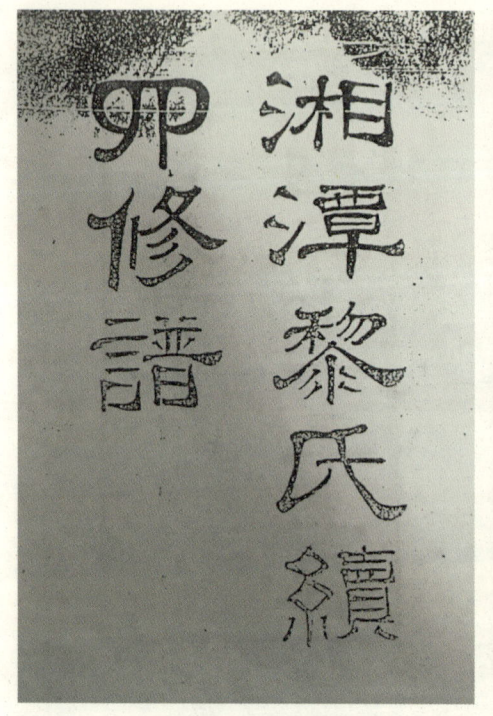

《湘潭黎氏续四修谱》

由此可知，南泉、皋山同为黎培敬之后。南泉长房黎锦缨，长孙黎丹一直居南泉黎汉之（黎培敬之曾祖父）"南泉旧第"未曾搬迁。迁皋山者皆为黎培敬与继室王氏之后，皆系黎锦缨同父异母的弟弟（加上老大锦缨，南泉、皋山兄弟共计六人）。

南泉黎锦缨、黎丹（雨民）父子，皋山黎薇荪及其子黎泽泰、弟黎铁安，这五人皆与齐白石交好。

二、黎丹略传

黎丹（1873年—1938年），谱名泽润，字雨民，又字华民，号长龄，又号无我，湖南湘潭长岭铺南泉冲下黎家湾（今湖南省湘潭县谭家山镇霞峰村下湾组，俗称：下湾里）人氏。其父黎锦缨，官荫光禄寺署正，为文林郎。其祖父黎培敬,清咸丰进士,以编修视学贵州,署布政使,擢贵州巡抚,光绪年间官至江苏巡抚。1897年,黎丹考取副贡生,先后在江西巡抚夏午诒幕府主办文案、湖南都督谭延闿手下任书记官(谭延闿是黎丹的表弟)。

辛亥革命后,黎丹任甘肃都督赵惟熙秘书,与马麒相识,并成为马麒幕僚。民国初年,全国各地新派人物纷起,而青海则反应迟钝,所出名人寥寥无几。黎丹为宁海军招揽和举荐了一批优秀人才。民国十七年秋天(1928年9月),青海从甘肃省析置单独建省,与他的良言妙策关系甚大。1933年,经第九世班禅和邵力子等人支持,黎丹当选为国民政府监察院委员。不久,被蒋介石任命为南京政府驻藏代表,居藏长达四年,备尝艰辛。1937年7月,抗战爆发,离开西藏,回到南京,继任南京政府监察委员。1938年10月,因细菌性痢疾病逝于湘潭,后葬于故乡南泉冲之庄山(金盆洲)。

黎丹少时勤学,经史以外,旁涉九流百家和书画技击,工于诗词,篆刻崇尚秦汉,师法黄牧甫,尤精于缪篆,堪称一位难得的文武全才。他活跃在西北政坛近20年。期间,致力于青海的经营开发,屡出良策,在青海建省,促进民族和解与团结,维护西藏主权,禁绝鸦片,保护人民免遭兵燹之灾等方面均作出过卓越贡献。特别是忧于西北文化底蕴之薄弱,一生致力于西北文化教育事业,在兴办青海民族教育、沟通汉藏文化方面业绩更是独树一帜。其门下多出名噪一时的政治家、教育家及杰出翻译家,如朱绣、杨质夫等。

黎丹擅长诗词,在青海地区注重诗词的普及和推广。当时青海文献保存甚少,黎丹以官方名义出面征集刊印,保存了青海近代文化遗产。他之举被当时人们称为"不朽之盛事"。之后,他还与周希武等人倡议兴办了图书馆、博物馆、巡回文库、讲演所等,以此振兴青海地方文化。不仅如此,黎丹还将毕生藏书四万余册悉数捐赠青海图书馆,其中有许多海内孤本,对现今从事文史研究者帮助甚大。《青海历史纪要》《青海通史》等书对其均有高度评价,推崇他是对青海近现代史产生过重大影响的一位政治家。

特别应提到的是黎丹初到青海时,西宁仅有一所蒙番半日小学,旧时所办的义学、书院因政事时治时乱而废止,占民族比例较大的回藏蒙古子弟,只能受到经堂、寺院的教育。对此，黎丹十分感慨，立志改变落后的教育状态，遂掀起了开办新教育的热潮，先后开办了蒙番小学、蒙番师范、筹边学校、女子学校等，还解囊捐资筹办了"职业学校""无我学校""医学训科学校"。同时，黎丹还十分重视提高民族基础教育，他以行政渠道督促，在蒙藏民族集中聚居地区设立蒙藏小学二十余处，培养学生八百余人，并创办藏文研究社，不仅自己的学习颇见成效，且率领社员深入学习、翻译及研究藏文。他广揽藏族学者，先后主持出版了由杨质夫从《藏汉大辞典》中选编的一部《藏汉小辞典》，新中国成立后，《汉藏小辞典》还被列入国家对尼泊尔、印度等国的出口图书，翻印出版，进行国际交流。

黎丹一生清廉自持，声誉素著，译著颇丰。在汉文方面著有《御海烈士传》《灵州杂吟》《珊瑚砚斋诗四卷》《前拉布浪谣》等。此外，他还翻译出版了宗喀巴大师著的《宝道开门》和《因缘颂》，清代居·弥旁达瓦著的《王道论》。

三、齐白石与黎丹年轻时候的交往史

（一）自述交游，黎丹为首

从《白石老人自述》中可以看出，因拜了胡沁园为师，齐白石便逐渐与当地的文化人打上了交道，因而交了不少对他的人生或大或小有过帮助的好朋友，书中首先出场的好友，便是小他10岁的黎雨民，即黎丹。

"……光绪二十年（甲午·一八九四），我三十二岁。这五年，我仍靠卖画为生，来往于杏子坞韶塘周围一带。在我刚开始画像的时候，家景还是不很宽裕，常常为了灯盏缺油，一家子摸黑上床。有位朋友黎丹，号叫雨民，是沁园师的外甥，到我家来看我，留他住下，夜无油灯，烧了松枝，和他谈诗……"[①]

---

① 《白石老人自述》张次溪.第5章.诗画篆刻渐渐成名（一八九〇至一九〇一）。

这段自述，字数不多，但内涵丰富，足可以了解以下几个方面的情况：

因胡沁园是黎丹的亲舅父，齐白石拜师后，并与黎丹在胡家相熟了，且关系极好，不然，黎丹不会贸然去访齐白石，更不会在齐家留宿一晚。这一点，《白石老人自述》曾讲过他拜师当年即住胡家学文习画时的情形："……当时常在一起的，除了姓胡的几个人，其余都是胡家的亲戚，一共有十几个人，只有我一人，不是胡家的亲故，他们倒都跟我处得很好。他们大部分是财主人家的子弟，至不济的也是小康之家，比我的家景，总要强上十倍，他们并不嫌我出身寒微，一点没有看不起我的意思，后来都成了我的好朋友。"①

上面这段描述，看似很不经意，却是经意之极，其实这是为后文最重要的两个文友黎丹、王训先后出场埋下了伏笔。（由此可见，齐白石的文字安排手段半点也不弱于极其高明的小说家）他俩都是胡沁园的外甥，都结识于他拜师学艺的胡家。所以齐白石才会这样称呼书中出场的黎丹："有位朋友黎丹，号雨民……"

齐白石拜师那年是光绪十五年（己丑一八九零年），虚岁二十七，实岁二十六（湘潭乡下人生辰，往往遵循"男进女满"，男子逢年往前虚报一岁，齐白石自述时所说的年龄都是虚岁，这个是很自然的事。很多人皆以为是实岁，故而考证有关齐白石生平之时，总觉得有些对不上号，其实并不是他记忆有误。借此特作说明。如今湘潭乡下很多地方男性过生日仍然循此旧俗）。拜师距黎丹来访时间已过去了五年，两人相识至少有四年的时间了。留宿这年，黎丹二十一岁，齐白石三十一岁。

拜师后的这五年时间，齐白石一边学习，一边卖画（主要是画像），虽然如此，但他家仍然不很宽裕，连点灯的油都没有。

黎丹（雨民）的境况则完全不同，他不但是人称"寿三爷"胡沁园的外甥，而且出身更是官宦世家，其父黎锦缥，官荫光禄寺署正，为文林郎。其祖父黎培敬，清咸丰进士，以编修视学贵州，署布政使，擢贵州巡抚，光绪年间官至江苏

---

① 《白石老人自述》张次溪.第4章.从雕花匠到画匠（一八七八至一八八九）。

巡抚。（黎丹访齐家之后的第三年［1897］，便考取副贡生，到江西巡抚夏午诒［夏后来对齐白石帮助极多］幕府主办文案去了［齐白石与黎丹在故乡相处了七年左右的时间］）

齐白石当时的境况无论从哪个方面说，身份都远远不能与黎丹相提并论，两人相交的确是门不当户不对。黎丹留宿齐家，二人借松火谈诗，无论宾主都毫不在意，的确很不简单。这表明黎丹很欣赏齐白石，同时也可以看出他平易近人，没有半点官宦人家的架子，同时更加说明了他俩自相识结交以来，不但志同道合，情趣相投，而且友谊深厚至极。

黎丹谈诗留宿齐家这件事，齐白石到老都没有忘记。他在自述中说：

……后来我到了七十岁时，想起了这件事，作过一首《往事示儿辈》的诗，说："村书无角宿缘迟，廿七年华始有师，灯盏无油何害事，自烧松火读唐诗。"①

齐白石此诗同时也是在怀念第二个出场的故友王仲言："……另一位朋友王训，也是沁园师的外甥，号叫仲言，他的家里有一部白香山《长庆集》，我借了来，白天没有闲暇，只有晚上回了家，才能阅读，也因家里没有灯油，烧了松柴，借着柴火的光亮，对付着把它读完……"②

晚年的齐白石写此诗并念起"灯盏无油何害事，自烧松火读唐诗"时，必定会怀念起那晚在他乡下老家借松火与他谈诗并留宿的其时还很年轻的黎丹。此事齐白石记忆终身。

齐白石能与黎丹谈诗，足以证明齐白石对于诗文已有了浓厚的兴趣，且已具备一定的品诗写诗的能力与水平了。虽说理论知识，专业水平尚比不上小弟黎丹，但亦能平坐击掌言诗了。不然的话，他就不会在这一年参与"龙山诗社"并任社长了。

---

① 《白石老人自述》张次溪.第5章.诗画篆刻渐渐成名（一八九〇至一九〇一）。
② 《白石老人自述》张次溪.第5章.诗画篆刻渐渐成名（一八九〇至一九〇一）。

拜师后的这五年，齐白石的确是读了不少的诗文，正如他在自述中所说：

"……从那天起，我就读《唐诗三百首》了。我小时候读过《千家诗》，几乎全部都能背出来，读了《唐诗三百首》，上口就好像见到了老朋友，读得很有味……读了背，背了写，循序而进，所以读熟一首，就明白一首的意思，这样既不会忘掉，又懂得好处在哪里。《唐诗三百首》读完之后，接着读了《孟子》。少蕃师又叫我在闲暇时，看看《聊斋志异》一类的小说，还时常给我讲讲唐宋八家的古文……"①

在学习诗文方面，不能不说齐白石的确很有天分，这也是黎丹与之相交极为重要的原因。

（二）龙山七子，社外黎丹

……我32岁那年……住在长塘的黎松安，名培銮，又名德恂，是黎雨民的本家……朋友们知道我和王仲言都在黎松安家，他们常来相叙，仲言发起组织了一个诗会，约定集会地点，在白泉棠花村罗真吾、醒吾弟兄家里。真吾名天用，他的弟弟醒吾名天觉，是沁园师的侄婿，我们时常在一起，都是很相好的。

……到了夏天，经过大家讨论，正式组成了一个诗社，借了五龙山的大杰寺内几间房子，作为社址，就取名为"龙山诗社"……诗社的主干，除了我和王仲言、罗真吾、醒吾弟兄，还有陈茯根、谭子荃、胡立三，一共是七个人，人家称我们为"龙山七子"。陈茯根名节，板桥人，谭子荃是罗真吾的内兄，胡立三是沁园师的侄子，都是常常见面的好朋友。他们推举我做社长……我没法推辞，只得应允了。社外的诗友，却也很多，常常来的，有黎松安、黎薇荪、黎雨民、黄伯魁、胡石庵、吴刚存等诸人，也都是我们向来极相熟的。只有一个名叫张登寿，号叫仲扬的，是我新认识的……

---

① 《白石老人自述》张次溪.第4章.从雕花匠到画匠（一八七八至一八八九）.

......

　　那时，龙山诗社从五龙山的大杰寺内迁出，迁到南泉冲黎雨民的家里。我往来于龙山、罗山两诗社，他们都十分欢迎。这其间另有一个原因，原因是什么呢？他们要我造花笺……说起这花笺，另有一段故事：在前几年，我自知文理还不甚通顺，不敢和朋友们通信，黎雨民要我跟他书信往来，特意送了我一些信笺，逼着我给他写信，我就从此开始写起信来，这确是算得我生平的一个纪念。不过雨民送我的，是写信用的信笺，不是写诗用的花笺。为了谈起造花笺的事，我就想起黎雨民送我信笺的事来了。

　　这段摘自《白石老人自述》的文字较长，说的主要是"龙山七子"结诗社的事。

　　结社倡议在黎松安家，倡议人是王仲言。社址在五龙山大杰寺（此寺在中路铺白泉的北面，属于柱塘铺，建于明代荒废于文革，现已恢复）。社名是"龙山诗社"，结社时间1894年春（齐白石实岁31，黎丹留宿齐家那晚不久之后即结社）。主要成员有七人即"龙山七子"，他们分别是：齐白石（社长，年龄最长）、王仲言、罗真吾、罗醒吾、陈茯根、谭子荃、胡立三。七子都与胡沁园有关，齐白石是他的弟子，自不必说了。王仲言是胡沁园的外甥。罗真吾、罗醒吾是亲兄弟，罗醒吾是胡沁园的侄女婿，谭子荃是罗真吾的内兄而胡立三则是胡沁园的侄子。陈茯根，《白石老人自述》中只讲他名节，板桥人，却没有提及他与六子之间的关系。

　　湘潭在线记者曾佰龙写了篇《五龙山上留豪吟》，文中有这么一段：龙山七子中只有齐白石和王训的资料比较齐全，其他五人的资料留下来的却很少。据龙山诗社现任社长冯峥嵘介绍："罗义是胡沁园的侄婿，罗斌是罗义胞兄，谭子荃是罗斌的内弟，陈茯根是王训父亲的学生，胡立三是胡沁园的侄子。"现任社长冯峥嵘将六人的关系说得很明白，其中五个人的情况与《白石老人自述》无异，还有一个人即陈茯根，据他介绍，陈茯根是王仲言父亲的学生。

　　值得注意的是，这段龙山结社的文字，细读之后就会发现其中竟有四处提到了非"龙山七子"的黎丹。

其一,"住在长塘的黎松安……是黎雨民的本家……"(黎松安名培銮,与黎丹祖父黎培敬同一字辈,应为黎丹的叔祖辈)。这里说明了一个问题,那便是认识黎雨民远在认识黎松安之先。且隐约地告诉人们,齐白石受邀住黎松安家为其父亲画遗像,或多或少都与黎丹的举荐有关。

其二,"……社外的诗友,却也很多,常常来的,有黎松安、黎薇荪、黎雨民、黄伯魁、胡石庵、吴刚存等诸人,也都是我们向来极相熟的……"当时黎丹的身份为"龙山诗社"社外诗友(胡系〔因七子皆或多或少与胡沁园相关〕"龙山诗社"主要有七个社外诗友,黎丹这边占了三个,一个是本家叔祖黎松安,一个是亲叔叔黎薇荪,还有一个就是黎丹本人)。

其三,"……那时,龙山诗社从五龙山的大杰寺内迁出,迁到南泉冲黎雨民的家里……"这里指出了"龙山诗社"后来的社址为长岭铺南泉冲黎丹旧第。足以说明黎丹极重视以齐白石为首的"龙山诗社"。

其四,"……说起这花笺,另有一段故事:在前几年,我自知文理还不甚通顺,不敢和朋友们通信,黎雨民要我跟他书信往来,特意送了我一些信笺,逼着我给他写信,我就从此开始写起信来,这确是算得我生平的一个纪念。不过雨民送我的,是写信用的信笺,不是写诗用的花笺。为了谈起造花笺的事,我就想起黎雨民送我信笺的事来了。"

这段有关"花笺"(在空白的信笺上画上几笔淡的画)的内容,一是明确讲了与黎丹相交几年了,二是讲与黎丹相交后,黎丹就逼他写信。这一段两次用了"黎雨民"全名,一次直接叫"雨民"。齐白石如此三番反复称呼黎丹,对其怀念之情、感激之心、亲切之意,无不溢于言表。

事实也是如此,在齐白石自认为自己写文章文理不通的情况下(结诗社的前几年),比齐白石小十岁的黎丹(此时,才十七岁左右)竟然硬生生送信笺,逼着他给自己写信,这纯粹就是为了逼齐白石练文字功夫。他们两家(白石铺杏子坞,长岭铺南泉冲)离得并不远,不过才四十华里左右(铺,旧时驿站,十里一铺,齐黎两家相隔四铺:白石铺、中路铺、柱塘铺、长岭铺),相互交流也不是那么为难，非得时常通信不可。齐白石却因此平生第一次开始写起信来了，后来的他一直认为此事值得纪念，每每谈起自己制作花笺的事，就不由得想起了黎丹，禁不住唏嘘感叹。

那时的黎丹，文字水平远超当年没正经读过多少书的齐白石，为了急于让齐白石提高行文水平，竟使出这相互通信让其难以拒绝、羞于退缩的办法来，其用心可谓良苦。黎丹之于齐白石，可以说关怀备至、情深谊长。

（三）罗山诗社，有璜有丹

关于"罗山诗社"，《白石老人自述》中是这么说的：

> 光绪二十一年（乙未·一八九五），我三十三岁。黎松安家里，也组成了一个诗社。松安住在长塘，对面一里来地，有座罗山，俗称"罗网山"，因此，取名为"罗山诗社"。我们龙山诗社的主干七人，和其他社外诗友，也都加入，时常去作诗应课。两山相隔，有五十来里地，我们跑来跑去，并不嫌着路远……我们这些诗友，恰巧此时陆续地来到黎松安家，本是为了罗山诗社来的，附近的人，不知底细，却造了许多谣言，说是长塘黎家，存谷太多，连一批破靴党（意指不安本分的读书人）都来吃排饭了。
>
> ……我往来于龙山、罗山两诗社，他们都十分欢迎……[①]

上面的这段描述，齐白石本人没有谈及"罗山诗社"社长是何人，社员有哪些，只说"龙山七子"及其他社外诗友都加入"罗山诗社"，而且两个诗社人员往来唱和极为频繁且诸众诗友关系十分密切（那年大荒，还相邀一起到黎松安家谈诗唱和，被人误解为吃排饭［饥荒年，老百姓们吃大户］）。

查阅湖湘文化名词解释"龙山诗社"词条，有如下一段内容：

> ……次年，（指龙山诗社结社后的第二年即1895年），齐白石、王仲言、

---

① 《白石老人自述》张次溪.第5章.诗画篆刻渐渐成名（一八九〇至一九〇一）。

罗醒吾、谭子铨、胡立三五人，又与黎松安、黎雨民在相距龙山五十来里的罗网山，黎松安家，成立罗山诗社，称"罗山七子"，亦推齐白石为社长。他们主张"诗言志"，往返于龙山、罗山两地，互相唱和，感时赋诗，活动延续到抗战前夕。有《罗山诗集》、齐白石的《白石诗草》及王仲言的《退园诗草》等作品传世。（据考"罗山"位于今中路铺镇菱角村、群力村之间，当年黎松安在此办家学）

由此可见，"罗山诗社"主干七人中，光"龙山七子"成员就占了五个（非"龙山七子"成员仅仅两人，一个是社址主人黎松安，"罗山诗社"应归于黎松安系，另外一个便是黎丹）。齐白石同时兼任这两个诗社的社长（齐自述时隐去不谈他个人在罗山诗社的具体情形，应是自谦于发起人兼社址主人黎松安的身份或别的暂不可考原因）。黎丹是"罗山诗社"正式社员，"龙山诗社"黎丹虽为编外诗友，但却是社址的提供者。齐白石黎丹同时与这两个诗社大有关联，再一次证明他俩志同道合、兴趣相投、情感深厚。

四、《黎夫人像》

光绪二十一年（1895），齐白石为胡沁园胞妹、黎丹之母（1852—1909）绘制《黎夫人像》。（这是在黎丹夜宿齐白石家，"龙山诗社"结社后的第二年，那年"罗山诗社"结社，当年黎母胡氏夫人四十三岁，齐白石三十二岁，黎丹二十二岁）

《黎夫人像》是一幅全身肖像画，人物衣袂奢华绮丽，面容生动逼真，仪态端庄华贵，足可见齐白石绘制时恭谨虔诚。从构图和表现手法看，此作受到清代祖容肖像画的影响，并融入西方素描、色彩等写实技法，人物脸部有明暗关系的染法，反映了清末写实人物画创作的一种趋势。

此像是齐白石早期的人物画。齐白石当年主要在家乡湘潭县乡村一带学习绘画，平时生计主要靠画像，以工细为主，同时亦在不断由民间画师向文人画家转变。

关于画像，《白石老人自述》有过具体记载：

……那时照相还没盛行，画像这一行手艺，生意是很好的。画像，我们家乡叫作描容，是描画人的容貌的意思。有钱的人，在生前总要画几幅小照玩玩，死了也要画一幅遗容，留作纪念。我从萧芗陔师傅和文少可那里，学会了这行手艺，还没有给别人画过，听说画像的收入，比画别的高得多，就想开始干这一行了……我们湘潭风俗，新丧之家，妇女们穿的孝衣，都把袖头翻起，画上些花样，算作装饰。这种零碎玩意儿，更是画遗容时必须附带着画的，我也总是照办了。后来我又琢磨出一种精细画法，能够

齐白石画《黎夫人像》

在画像的纱衣里面，透现出袍褂上的团龙花纹，人家都说，这是我的一项绝技。人家叫我画细的，送我四两银子，从此就作为定例。我觉得画像挣的钱，比雕花多，而且还省事，因此，我就扔掉了斧锯钻凿一类家伙，改了行，专做画匠了。①

《黎夫人像》款识："受降后二年丙戌冬初，儿辈良琨来金陵见予，出此像，谓为谁，问于予。予曰：'尊像乃乃翁少年时所画，为可共患难黎丹之母胡老夫人也。'闻丹（字雨民）有后人，他日相逢可归之。乱离时遗失，可感也。八十六岁齐璜白石记。"钤印："阿芝"朱文方印、"白石老人"白文方印、"借山翁"白文方印。

此像题跋是民国三十五年（1946），地点是南京（"……儿辈良琨来金陵见予，出此像……"）。此画作于51年前，齐白石再见此像，黎丹（1938年）已

---

① 《白石老人自述》张次溪.第4章.从雕花匠到画匠（一八七八至一八八九）。

魂归道山八年了。此像为何被作者白石三子齐良琨所得，却未归画主黎丹家，今已失考。"闻丹（字雨民）有后人，他日相逢可归之。"齐白石跋中有意将《黎夫人像》归还黎丹后人，不过，此像最终却藏于辽宁省博物馆了（闻说黎家后人亦不知其故）。

齐白石题《黎夫人像》跋文中对黎丹评价是"可共患难"，短短四字，字字千钧。

五、齐白石赠寄黎丹画作考

（一）《紫藤》

这张《紫藤》条幅（101cm×33.5cm，钤印"齐白石"），是齐白石赠寄给远在青海藏文研究社工作的老友黎丹的作品。无题，亦无诗，题款开门见山："华民先生。"下款倒是交代得明明白白，年月日、作者、地点，如同寄信一般："辛酉四月十七日，齐璜白石草衣，时居燕京象坊桥观音寺院寄。"此画纯属寄赠，不但不收钱，还得贴邮资，齐白石刚来北京，画作尚未打开销路，暂时居观音寺院（辛酉是民国十年［1921］，齐白石1917年抵京，刚刚四年）。齐白石如此这般行为，世上恐怕也只有黎丹这样的故友值得他这

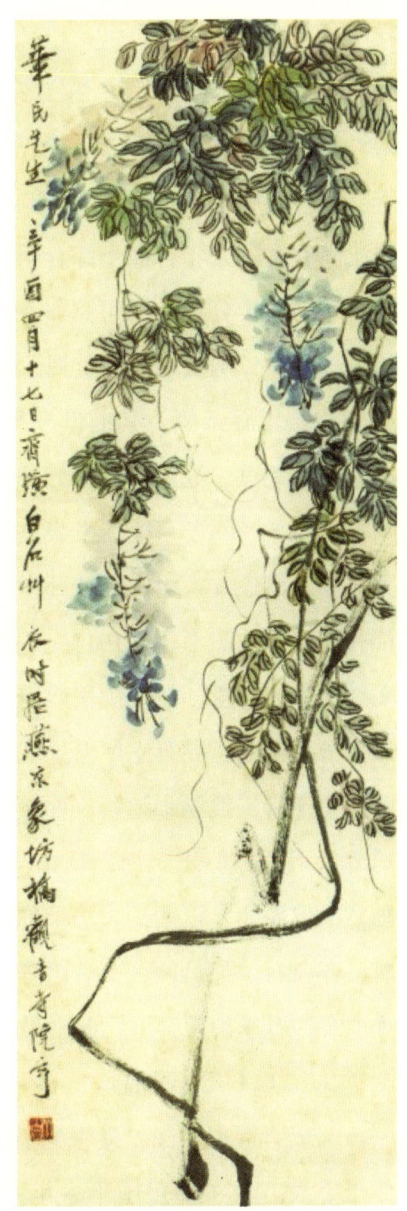

齐白石画《紫藤》

样做了。

此作老藤新蔓交织，相互穿插，先由下而上，进而由上而下，以线条为骨架，撑起了整个画面，构图上密下疏，布局叶多花少，其势倚斜凌空，迎风飘舞。干叶花藤，书法用笔，设画雅致，潇潇洒洒。齐白石作此画时58岁，离衰年变法尚有十来余年，属于综合学习前人并逐渐形成自家风貌的过渡阶段。此作，经营布局，十分用心，可算作齐白石60岁前花鸟之上品。由此可见他对于这幅赠给黎丹的画，确实是极其重视，倾尽了全力。

这张紫藤条幅，其前世今生颇为离奇。这曾是二战时期流亡中国的著名反战志士鹿地亘、池田幸子夫妇的旧藏。鹿地亘（1903—1982），日本著名进步作家，"九·一八"事变后发表许多反战言论，遭日本军国主义迫害，1935年辗转到上海，借住友人内山完造开设的内山书店，与宋庆龄、鲁迅、萧军等左翼人士都有往来。池田幸子（1912—1973）撰有《最后一天的鲁迅》《鲁迅的回忆》等文章。1938年夏，时任国民政府军委会政治部第三厅厅长的郭沫若聘请他俩做设计委员，帮助指导第三厅七处的对日宣传工作，同时担任日本反战同盟负责人。武汉失守后，他俩跟随第三厅撤退到南岳衡山，嗣后参加国共两党在此合作创办的游击干部训练班。南岳衡山与湘潭相邻，他们是不是此时收藏了齐白石这幅画，不得而知。嘉德拍卖图录称其"旧藏之中国书画，集张大千、黄宾虹、于非闇、齐白石、吴昌硕、王雪涛等至精之作，多为早年购自文物商店"。中国嘉德香港2019春季拍卖会上，此画最终以89.70万元成交。

（二）《天官赐福》

《天官赐福》图（最先见于《二十世纪中国画家研究丛书·齐白石》图版）作于壬辰五月（即民国十一年，1922年5月。先年四月曾赠寄黎丹紫藤条幅一张，今又赠寄人物中堂一张，时间间隔恰好是一年零一个月），这一年，齐白石59岁，居北京。黎丹49岁，任职青海。1922年5月对齐白石一生来说十分关键与重要，因为此时恰恰是他困居京城五年之后，声名日渐上升，画价一日胜过一日的日子："……1917年，齐白石移居北京，一直到去世为止，在这座城市住了40年……因人们初期不太接受他的画风，导致作品销路不畅。幸被著名画家陈师曾（即陈衡恪，著名学者陈寅恪的哥哥）发现，当时北京画坛有'姚陈'之说，公推姚华、陈师曾为领袖，在陈的大力揄扬下，齐白石声名鹊起……'中国画学研究会'与日本亦密切联系，1922年5月，日本东京举办了中日联合绘画展览会，在曾留学日本的陈师曾的推荐下，齐白石的画被售卖一空，使他从画师一跃成为画家，正如齐所说，'我的卖画生涯，一天比一天兴盛起来'……"困顿时期寄赠作品，兴盛时期同样寄赠作品。黎丹在齐白石心中的地位何等之高，自是不言而喻。

齐白石画《天官赐福》（释义：1.俗谓正月十五上元节天官赐福于人。宋 吴自牧《梦粱录·元宵》："正月十五日元夕节，乃上元天官赐福之辰。"孙锦标《通俗常言疏证·祸福》："天官赐福：梁元帝 旨要：'上元为天官赐福之辰。'"

齐白石画《天官赐福》

2.旧日戏曲舞台有演天官赐福以徵吉利者。亦泛指上天赐福）之时，想必心情极好，状态极佳。此次齐白石作品在日本的销售情况，竟然会远超了他一直推崇的名头正旺的吴昌硕。

齐白石将此画寄赠黎丹时，想必同样也是心情极好的。题识亦如同上次赠送的那张紫藤一般，直截了当，只有上款、下款与年月："华民先生雅鉴。齐璜，壬戌五月制。"是图立轴，设色纸本，尺寸：132.5cm×57.5cm，钤印"齐大"（朱文）。

黎丹当时在西北忙于政务，书画方面当然早已大大不如齐白石专业，不过，因家学渊源，诗书画印方面的知识原先在青年时期是胜于当年才初学文习画的齐白石的（黎丹……少时勤学，经史以外，旁涉九流百家和书画技击，工于诗词，篆刻崇尚秦汉，师法黄牧甫，尤精于缪篆，堪称一位难得的文武之才……），所以黎丹一见故友寄赠的作品，以他的知识面，虽然无题，应是会心一笑，这是齐白石祝福他在青海为官亨通，为民造福之意。

这张《天官赐福》，结构严谨，用笔细致，设色认真，与晚年大写意简笔人物如《人骂我，我也骂人》一类大相径庭，艺术高度亦不在一个层面，这是齐白石从一个普通画家成长为大师级别的画家必然的过程，自不足奇。

画作右上角有王襄（1876—1965，曾任天津文史馆馆长）题跋："文信国公像。此白石老人六十岁（虚岁）笔，未题图为何氏。观其衮冕执笏，岂弟慈祥，纯然古大臣风度。或疑为唐之颜平原，或疑为明之张江陵，讫无定说。询诸原索画人告曰：此文文山像也。敬其人，故乞图之。始悟俯首凝思，若有重忧，正写其忠义峻洁之概。白石老人可谓体会入微矣。公历一九五五年十月，后学王襄题其首并记其详。"王补此款离齐白石作画赠画，时间已经过去整整33年了。

王襄为何将《天官赐福》又改题为《文信国公像》，且加了那么多解释，则另有一故事了：

文信国公即文天祥，号文山，南宋著名爱国诗人、抗元名臣，殁后追谥信国公，人称"状元中的状元"。与"天官赐福"完全无关。王襄馆长应该心知肚明，为何如此？据天津美术学院史论系主任刘金库教授解释：此图是黄迪非先生（1905—2003，湖南南县人，曾任天津市政协副主席）珍藏的唯一的齐白石"神像功对"题材的作品。"破四旧"时，为了能够将其保存下来，黄氏请天津文史馆馆长王襄题写了一段长跋，说所绘为中国历史上著名的爱国将领文天祥。其实，像主并非文天祥而是天官。至此画为何辗转留在黄迪非手中，暂无考。（《文信国公像》第一次公开露面是2009年10月17日，北京中贸圣佳国际拍卖有限公司15周年庆典艺术品拍卖会上，估价60万—90万元。2017年中国嘉德春季拍卖会上再次露面，参考价380万—480万元，未成交。）

六、结语

　　齐白石与黎丹相交于青年时期，二人时时都在一起习文论艺，互相学习，互相关心，互相帮助，互相影响。他俩相处了六年多的时间（齐白石拜师胡沁园是1890年［齐黎在胡家订交］，黎丹往江西赴任是1897年），后因黎丹赴任外省，从此人隔天涯。虽然如此，他们之间一直没有因此断过联系。（齐白石定居北京后，至少给远在青海的黎丹寄赠过两张画）晚年的齐白石对黎丹仍旧念念不忘。

　　齐白石早年曾写一诗《访黎雨民絟廷》，其中有两句曰："好学始知贫不贱，论交何幸友兼师。"这应是对两人一生之间的交游作了最好的总结。

七、补遗

　　（一）《龙山七子图》

　　因结社，齐白石于甲午年1894年，结社当年三月「季春」画了幅山水画，名为《龙山七子图》（纸本设色，立轴，纵172厘米，横95厘米）。画上有跋：

　　龙山七子图。七子者，真吾罗斌，醒吾罗义，言川王训，子诠谭道。西木胡栗，茯根陈节暨余也。甲午季春，过访时园，醒吾老兄出纸一幅，属余绘图以纪其事，余亦局中人，不得置之度外。遂于酒后驱使山灵以为点缀焉。濒生弟齐璜并识。钤"齐伯子"（白文）、"名璜别号濒

齐白石画《龙山七子图》

生"（朱文）、"求真"（白文）三印。

此画属于齐白石山水起步阶段，唯有时代气息的便是画中人物扎有清人的辫子。作品不及其后所作的《石门二十四景》图册，更远不如他以后自成风貌的山水画作品，但却极具纪念意义。许多年后，齐白石在回忆龙山诗社的往事时写道："人道苏瓌还有子，大邱膝下尚无孙。龙山过雨生青草，谁作诗坛继起人？"又："王罗年少说功名，废却文章各怆神。天上晨星如七子，笑吟只合说来生。"诗中饱含了对诗社那段往事的怀念，同时对于诗社后继无人也发出了深深的感叹。

（二）互为犄角的"霞峰诗社""龙山诗社""罗山诗社"

晚清翰林院庶吉士、二品资政大夫、原湖南高等大学堂（今湖南大学前身）首任监督皋山人氏黎承礼（即黎薇荪，黎丹的三叔）于1890年春发起并创建了"霞峰诗社"。黎薇荪系的"霞峰诗社"、胡沁园系的"龙山诗社"（社长齐白石）、黎松安系的"罗山诗社"（社长齐白石），三社相互关联，以为犄角。当年湘潭乡野特别是黎氏一族周边尚文之风，由此可见一斑。齐白石"诗书画印"四绝，并自认为诗排第一，其良好的诗词基础无疑与上面"三社"成员（包括黎丹）皆有莫大的关系。

沧海桑田，几经曲折，霞峰诗社于1998年4月15日复社，龙山诗社于2005年9月复社，而罗山诗社仍沉寂在历史长河中，尚未恢复。

（三）黎丹之墓及黎丹生卒年

1.黎丹之墓

有文字资料记载1938年黎丹埋于故乡南泉庄山。实地考察，黎丹墓地仅仅只是一个大大的、很矮很矮的黄土堆子，根本不能称其为山。人们也不知何谓庄山，庄山在哪？据当地老人说离墓数十米，曾有一小庙，如今早已不见其踪了。不过，南泉冲若是老了人，孝子贤孙们往往依旧例敲锣打鼓来此叩头烧纸，名曰"拜庙"。

整个南泉冲黎家湾为一丘陵盆地，黎丹墓位于盆地之中，恰好是南泉冲的

"垅"（当地俗语：山间尽是稻田的狭长盆地，叫垅。与垅的本义田埂有别）中间，四周水田环绕，人称"金盆洲"，有"金盆养鲤"之意。墓右侧便是黎丹旧第原址下黎家湾，两处隔着一条坝港与一大片稻田，直线距离约一华里。旧第屋场所靠之山，在金黄的稻海之中远远地看过去，如一绿色的长形半岛，与黎丹墓平行而峙，遥相呼应。

黎丹墓

南泉黎丹，当地人对其过往，知者甚少，往往都说不出多少所以然来，不过，乡野皆纷传其家数代为官，是地主中的地主，从前家里有的是"宝贝"。20世纪八十年代末九十年代初乡间盗墓猖獗，有"宝贝"的黎家自然被归入重点之重点，在劫难逃。1992年黎丹墓被盗（黎母胡氏夫人的墓亦未能幸免，遭盗），因为盗墓贼们行事甚为隐蔽，人们只知晓盗后墓地现场一片狼藉，损坏严重，至于到底挖了些什么"宝贝"，传说很多，详情却已无处可查了。只知尸体都被翻了出来。闻听此事，黎丹之女黎瑾随即率黎丹孙女黎沙柳自外地赶往南泉，二人出资找人重新复土，用水泥（原先是泥、水、石灰三合土筑的）整修了被盗的旧墓。

2. 黎丹生卒年

重新翻修后的黎丹墓，墓碑是2009年重新刻的，立碑人：女黎瑾，孙女黎沙柳。碑上黎丹生卒年刻的是："公元一八七三年生，一九三七年逝世。"用的是公元纪年与现代语言。查多处黎丹生平，多写黎丹生于清同治十年（1871年），卒于民国二十七年（1938年）。这难道是因原碑已失，年代久远，他后人记忆有误？询问当年当地修墓主事的，则说，肯定不会错，这是黎家找人按照原碑刻的。但史料文字说得明明白白："黎雨民……1937年7月，抗战爆发，离开西藏，回到南京，继任南京政府监察委员。1938年10月，因细菌性痢疾病逝于湘潭，后葬于故乡南泉冲之庄山。"碑刻"公元一九三七年逝世"，的确与史不符。至于黎丹出生的时间1873年，同样与很多文字资料上写的1871年对不上号。查《湘潭黎氏续四修谱》，翻到锦缨子丹一页，上面这样写道："锦缨子丹，派名泽润，号长龄，邑庠生，甘肃西宁知州，西宁道尹，青海省政府委员，清同治十二年癸酉三月二十二午时生。"黎家新刻的黎丹出生年确实无误，与族谱一致。1873年即同治十二年。不过，谱上没有黎丹卒亡的记录，这是因为修谱时黎丹尚在人间。为何其后人将黎丹辞世的时间往后推迟了一年，与史实不合。只有一个推测，那便是问题出在由传统年号改用公元纪年上了，当年原碑原文应是"生于清同治十二年，卒于民国二十七年"。新碑用公元来记年时，推算上搞错了，民国二十七年（1938）误为1937年（这个问题，暂且留此存疑，有待他日黎沙柳本人解惑）。

（唐风，湖南省美术家协会会员，湖南省中国画学会理事，九三学社湖南省书画院副院长，湖南湘楚书画社副社长，湖南省湖湘文化交流协会理事。）

身份偏见与话语权转移

——齐白石姚茫父交游研究

陈雅婧

内容摘要：齐白石在五十多岁时定居北京以卖画为生，为了适应新的生活圈，他与北京画家群多有往来，这其中包括科甲进士姚茫父。本文在原有齐、姚交往材料的基本上，加入了更多新近整理的内容，其中须磨弥吉郎的笔记扭转了之前人们对齐、姚关系不和的认知。但即便如此，以姚茫父为首的北京画家群对齐白石的"身份偏见"始终存在。之后随着以齐白石为代表的边缘知识分子的兴起，城市精英与农村大众的文化距离缩短，二人之间的话语权又发生了重大转移。

关键词：齐白石；姚茫父；交游；身份偏见；话语权转移

一、引言

近代国画大师齐白石（1864—1957）在五十岁之前基本生活在自己的家乡——湖南省湘潭县白石镇，所交之人多为当地士绅，日子倒也平静安详。后因湘中匪患肆虐，不堪其扰的他决定北上发展，并于1917年起定居北京，以卖画刻印为生。初到北京难免遇到些时运不济的困难，曾写诗自嘲："老萍对菊愧银须，不会求官斗米无。一画京华人不买，先生三代是农夫。[①]"但尽管如此，北京却给这样一位木匠出身的"乡下老农"提供了当时中国艺术界最顶尖的精英社交圈，以及一流的书画交易市场。通过曾经的旧友及在京的湖南同乡樊增祥、夏午诒、郭葆生、杨潜庵、朱德裳、杨度、张仲飏、易实甫、周大烈等人，齐白石陆续结识了北京画坛核心人物金拱北、周肇祥、陈师曾、姚茫父、凌文渊、王梦白等。特别是同陈师曾的交往，在其晚年回忆中加入了很多美好的渲染，更将陈定义为指导自己"衰年变法"的"莫逆"[②]。相较于动辄上百篇的齐、陈相交学术论文，齐白石与姚茫父之间的交游并没有引起学界太多的重视，仅有两三篇文章涉及，如顾雪涛的《齐白石与姚华关系考》[③]等，所用材料也多以二人的合作画、诗文唱和、齐白石自述、日记、手稿等为主。目前在公众领域的认知中，齐白石与姚茫父的关系并不怎么好，总体展现出一种面和心不和的应酬状态。然而在近代日本外交官须磨弥吉郎（1892—1970）的书画收藏笔记中却将两人的关系描述得极为亲密，甚至将姚茫父比作在京提携齐白石的第一人。那么齐白石与姚茫父，甚至与整个北京画坛的关系到底是怎样呢？或许在齐、陈相交神话的背后，齐、姚之间的交往细节才更能说明白石老人于北京初创时代的真实际遇。

二、齐、姚的公共交往与诗画合作

姚茫父（1876—1930），名华，字一鄂，字重光；号茫父，别号莲花庵主。贵州贵筑（今贵阳市）人。光绪三十年（1904）进士，任工部主事，后改任邮船部船政司主事兼邮政司科长，保送日本东京政法大学速成科学习。从日本回来后寓居北京城南莲花寺，一边开门讲学，一边汲汲于救世之道。1914年受民国教育

[①] 北京画院：《人生若寄－北京画院藏齐白石手稿－日记（下）》，南宁：广西美术出版社，2013年，第247页。
[②] 齐白石著、周楠编：《齐白石自述》，北京：当代世界出版社，2017年，第96页。
[③] 顾雪涛：《齐白石与姚华关系考》，《贵州民族大学学报（哲学社会科学版）》，2013年04期。

部委派担任北京女子师范学校校长,1916年辞职后潜心于学术研究和书画创作。1926年突患脑溢血,病愈后左臂残疾。1930年5月8日旧病复发,因抢救无效去世,享年五十五岁。姚茫父是中国近代国学大师,能文善画,博闻强识,其深厚的文艺素养被誉为"旧京师的一代通人"。早年颇具政治抱负,然乱世离愁,难以施抱,遂转投于文艺。其友周大烈(湖南湘潭人)题其墓志铭:"吾道非邪,彼所抱之道亦再圓(颠),而再倒,当世大夫群攘攘于奔离中,顿踬以老。①"形象地勾勒出以姚茫父为主的旧京师士大夫群体形象,他们虽学富五车却无奈奔走于乱世,自命有盖世之才,然与主流新学渐行渐远。

根据现有史料推断,齐白石与姚茫父大约是1917年在陈师曾及借居法源寺的同乡友人杨潜庵(湖南湘潭人)的介绍下相识。《白石自状略》有载:

丁巳避乡乱,窜入京华,旧识知诗者樊樊山,知刻者夏午诒,知画者郭葆生,相晤。璜借法源寺居之,卖画及篆刻为业,识陈师曾、姚茫父、陈半丁、罗瘿公兄弟、汪蔼士、萧龙友。②

同年八月中秋,杨潜庵以"秋馆论诗图"为题向友人征画,齐白石、姚茫父、陈师曾等均有应邀,并分画同一六开册页。从图1、图2的对比中可看出,此

图1 齐白石《秋馆论诗图》

图2 姚茫父《秋馆论诗图》

---

① 中国人民政治协商会议贵州省贵阳市委员会文史资料研究委员会编:《贵阳文史资料选集第十八辑姚华评介》,1986年,第201页。
② 北京画院编:《人生若寄−北京画院藏齐白石手稿−信札及其它》,南宁:广西美术出版社,2013年,第130页。

时齐白石的山水人物还保持着简淡疏离的状态,甚至并未完全脱去《芥子园画谱》的影响,画中书法题跋用的也是早期"金农体"。而姚茫父的画则展现出旧式文人笔墨的纯熟,相对复杂的构图、小青绿设色、清新雅致的格调等,都暗示着姚、齐在相识之初对绘画方式及观念的不同理解。

之后二人在北京文艺圈的交集逐渐增多,大多是成员相对固定的文人雅集,内容以书画合作、诗歌唱和为主。例如:

1917年九月,齐白石作《山水图》题:"余此次来京,独与姚君不长相见,如再来,当早亲之。秋江可代白。白石又及。"

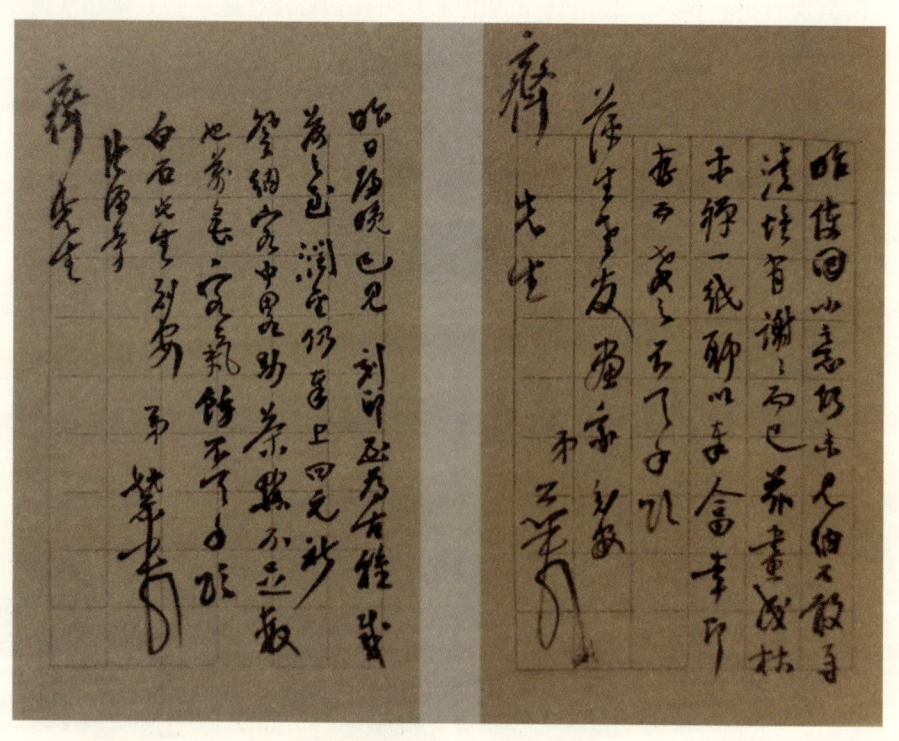

图3 姚茫父 信札 托片 北京画院藏

1917或1919年齐白石为姚茫父刻印,并得茫父回信(图3左):

  昨日归晚,已见刻印,至为古雅,感荷之至。润金仍奉上四元。祈察纳客中略助茶点,不足数也,万无客气。余不具。手颂。白石先生刻安,弟姚华顿首。法源寺,齐先生。

同期另一封姚的回信（图3右），也表达了对齐白石赠送物件的感谢：

昨使回，小意仍未见纳，不敢再渎，惟有谢谢而已。兹画成枯木禅一纸，聊以奉答，幸即存而教之。不具。手颂。萍生老友画家，刻安。齐先生，弟华顿首。

1920年九月二十四日，梅兰芳二十七岁生日，齐白石、姚茫父、陈师曾、王梦白、凌文渊、罗瘿公合作了一幅《花卉虫鸟图》为梅兰芳祝寿。画中有罗瘿公题记："植支枇杷，茫父蔷薇樱桃，梦白画眉，师曾竹石，白石补蜂，瘿公题识。时庚申九月廿四日畹华生日也。"

1921年三月，姚茫父为梅兰芳《赘菊图册》写菊花册页一开，之后齐白石亦画折枝白菊，题跋云："一日正为人作大幅，忽见此册中有姚公茫父画，多古趣。近代人所不为者。今人于小纸上不能下笔矣。白石又记。"①同年六月初九，齐白石为姚茫父画扇面三十二柄，《白石杂作》载："此余平生作画之高兴第一回也。题矮鸡冠花句云'笑君如此真材短，众草低垂却见高。'起二句云'不管秋声作怒号，风来折尽耻蓬蒿。'"②六月二十四，齐白石为陈师曾庆生，招众人画荷花，姚茫父题诗，白石次其韵："衰颓何苦到天涯，十过芦沟两鬓华，画里万荷应笑我，五年不看故园花。"③

1922年十二月十九日，为庆祝苏东坡885岁生日，北京书画界雅集于孟端胡同罗雁峰所居"罗园"，有多幅合作画留存，其中包括齐白石、姚茫父、陈师曾、金拱北、凌文渊、陈半丁合作的《花卉卷》，后由陈师曾携至日本展出。④

1923年正月初七，齐白石、姚茫父、陈师曾、金拱北、陈半丁等赴吴静斋寒匏簃雅集，众人为许专鼎墨拓补景。姚茫父题画二绝句，齐白石在右下补题："此幅寒匏翁欲余添上几笔，余以为姚茫父题记后不可著墨，蛇无足，何必苦

---

① 杜鹏飞：《艺苑重光：姚茫父编年事辑》，北京：故宫出版社，2016年，第219页。
② 北京画院：《人生若寄–北京画院藏齐白石手稿–日记（下）》，南宁：广西美术出版社，2013年，第281页。
③ 北京画院编：《人生若寄–北京画院藏齐白石手稿–日记（下）》，南宁：广西美术出版社，2013年，第282页。
④ 杜鹏飞：《艺苑重光：姚茫父编年事辑》，北京：故宫出版社，2016年，第238页。

添。然寒匏翁之意未可却，记而归之。癸亥正月，白石山翁。"①同年正月，齐白石、姚茫父、陈师曾、金拱北、王梦白、陈半丁、萧屋泉、周养庵在凌叔华家雅集，合作《九秋图》，姚茫父题："九秋图，癸亥正月，半丁海棠，梦白菊，师曾秋葵，屋泉松，白石雁来红，养庵桂花，拱北牵牛红蓼，茫父兰草，集于香岩精舍，叔华索而得之。茫父记。"②九月二十四，京剧名伶梅兰芳三十岁生日，齐白石、姚茫父、金拱北、陈半丁等画家集于缀玉轩，皆有画作留存。

1924年齐白石与姚茫父、凌文渊、陈半丁、王梦白、等组成"北京画界同志会"。四月，印度诗人泰戈尔访华，北京美术界举行了盛大的欢迎茶会，邀请泰戈尔参观书画展览并发表演说，齐白石、姚茫父、凌文渊、陈半丁等代表北京美术界参与接待活动。

1925年十一月，友人持姚茫父书联来请齐白石题记，《白石诗草》载："忽来客见之曰：'姚华有一印云：画又次之。其意字在次之，诗文为最上。'余以为诗次之，文又次之，字无流俗态，当居其首也。"

1926年姚茫父突发脑溢血中风，左臂致残行动不便，因而与齐白石的公共交往及诗歌唱和数量骤减，直至1930年旧疾复发去世。

据上述材料推断，齐白石与姚茫父在相识十多年间于公共领域的关系，表面上还是十分和谐的。二人相识之初，齐白石便积极与姚茫父联系，为他刻印、画扇，并自觉在姚茫父题跋后再题有"画蛇添足"之嫌。而姚茫父在收到齐白石赠品后会回馈润例及画作，并尊称其为"齐先生"。因而二人在公共空间的正面来往中显现出了君子之交的谦逊和礼貌。

三、"牵牛花"事件背后的矛盾关系

然而历史人物的交往除了公共领域外，还有私人空间的各自心理感知，目前在能够搜集到的齐、姚非正面交往的言论、诗文、日记中探知，二人的关系并非

---

① 杜鹏飞：《艺苑重光：姚茫父编年事辑》，北京：故宫出版社，2016年，第242页。
② 凌叔华：《回忆一个画会及几个老画家》，1943年第1卷第3期，第23—27页。

如表面上那么和谐，在今人看来矛盾爆发点突出在齐白石画的一幅《牵牛花》①（图4）图中。齐在画中题道：

　　京华伶界梅兰芳尝种牵牛花百种，其花大者过于椀，曾求余写真藏之，姚华见之以为怪，诽之。兰芳出活本与观，花大过于画本，姚华大惭。

而姚茫父也作了一篇《齐白石自题画见嘲赋此解之》的诗回应此事：

　　盌（碗）大牵牛不耐看，为将故事记梅澜。题糕未信关诗胆，知味无须问马肝。蓬荜迢遥犹本色，风云反复已多端。可怜画里杨风子，老去癫狂傍绮纨。②

　　这件事可能发生在1922年左右③，当时齐白石画了幅蓝色牵牛花被姚茫父看见，姚觉得对于传统中国垂藤类花卉的构图来说，此花形态有些偏大，于是便指了出来，齐白石闻言以梅兰芳家种的牵牛花本来就比较大为由驳斥指责，并将后续故事也在题跋中进行了演绎，说是姚茫父在看过梅兰芳家真实的牵牛花后对自己的言论感到惭愧。但从姚茫父回应的诗文中并没有感受到他的惭愧之意，反而对齐白石"顾左右而言他"又嘲讽了一番。诗中"题糕未信关诗胆，知味无须问

图4 齐白石 牵牛花 立轴纸本
水墨设色 约1922年

---

① 郎绍君、郭天民主编：《齐白石全集·第二卷绘画》，长沙：湖南美术出版社，2017年，第122页。
② 姚华：《弗堂类稿》，上海：中华书局，1930年，"诗甲二"，第8页。
③ 郎绍君先生根据曹克家藏一幅《牵牛花》与图6大同小异，题曰："壬戌大寒画此，幸无生硬气"，推断此画于1922年。郎绍君、郭天民主编：《齐白石全集·第二卷绘画》，长沙：湖南美术出版社，2017年，著录·注释，第20页。

马肝"用了"刘郎题糕①"和"不食马肝②"两个典故,意指齐白石画画既是打破陈规就要敢于直言,不必将故事记挂在梅兰芳那儿。姚茫父与梅兰芳也是亦师亦友的至交,姚去梅府的次数不会比齐白石少,因而他家的牵牛花长什么样姚氏自然熟悉,也就不存在"大惭"之态。

在这次"牵牛花"事件中,齐白石的画与姚茫父的诗创作本意都不是直接面向公众,而是作为私人宣泄的一种方式,表达出自己最真实的情感。齐白石也曾在晚年回忆录中多次暗示姚茫父内心是看不上自己"农民出身"的,并且自恃功名在身,总是有意无意地摆高姿态,戳伤白石翁的自尊。

我这次到京,新交之中,有一个自命科榜的名士,能诗能画,以为我是木匠出身,好像生来就比他低下一等,常在朋友家遇到,表面虽也虚与我周旋,眉目之间,终不免流露出倨傲的样子。他不仅看不起我的出身,尤其看不起我的作品,背地里骂我画得粗野,诗也不通,简直是一无可取,一钱不值。他还常说:"画要有书卷气,肚子里没有一点书底子,画出来的东西,俗气熏人,怎么能登大雅之堂呢!讲到诗的一道,又岂是易事,有人说,自鸣天籁,这天籁两字,是不读书人装门面的话,试问自古至今,究竟谁是天籁的诗家呢?"我明知他的话是针对着我说的。文人相轻,是古今通例,这位自称有书卷气的人,画得本极平常,只靠他的科名,卖弄身份。我认识的科甲中人,也很不少,像他这样的人,并不觉得物稀为贵。况且画好不好,诗通不通,谁比谁高明,百年后世,自有公评,何必争此一日长短,显得气度不广。当时我作的《题棕树》,有两句说:"任君无厌千回剥,转觉临风遍体轻。"我对于此公,总是逆来顺受,丝毫不与他计较,毁誉听之而已。③

从姚茫父为齐白石题写的《齐山人紫藤萝》一诗:"绕径花开苒苒垂,最难颓杆竞生枝。山人画得吾能状,编爆悬门压岁时。④"也还是能感受出当中暗含的戏谑。而姚氏写的《再复邓和甫论画书》中对齐白石的评价则更显尖酸刻薄:

---

① 汤高才著:《典故辞典》,兰州:甘肃人民出版社,1986年,第536页。
② 朱祖延编:《引用语大辞典·增订本》,武汉:武汉出版社,2010年,第556页。
③ 齐白石著、周楠编:《齐白石自述》,北京:当代世界出版社,2017年,第98—99页。
④ 邓见宽编:《姚茫父画论》,贵阳:贵州人民出版社,1996年,第405页。

文章、性灵之美，则非尽人之所悦，或且遭诋毁焉，呵斥焉，盖尝於寻常，而以不美为美者也。然一言突破藩篱，以不美为美，则犷悍、粗豪、恶作皆可托之以雄一时，如时人齐山民之流是也。①

虽然姚茫父题写的《齐山人紫藤萝》诗及《再复邓和甫论画书》的文字中没有确切的纪年，但大致可推断也在1922年左右。这段时期正是齐白石"衰年变法"学习吴昌硕的高峰期，而姚对齐学吴的做法也颇为不屑，曾在画论中暗指：

近人题之能破者，莫如吴缶翁，不惟书体用破法，即行式亦用破法。而今之倡者一人，效者破众，得毋以其便于撒野乎？野气吾不薄，惟薄乎其撒耳。学撒野者，不惟浅薄，而且稚气，更不足道矣。②

那个时候不光是姚茫父觉得齐白石的画粗豪、浅薄、稚气，事实上整个北京画坛确实都没怎么将他这个乡下老头放在眼里，这其中也包括被齐白石誉为"莫逆之交"的陈师曾。1922年5月齐白石在《壬戌纪事》中写道：

余友方叔章尝语余曰："公居京师，画名虽高，妒者亦众，同侪中间有称之者，十言之三必是贬损之词。"余无心与人争名于长安，无意信也。昨遇陈师曾，曰："俄国人在琉璃厂开新画展览会，吾侪皆言白石翁之画荒唐，俄人尤荒唐，绝天下之伦矣。"叔章之言余始信然。然百年后盖棺，自有公论在人间。③

"吾侪皆言白石翁之画荒唐"一言正说明了当时北京画坛对齐白石最真实的评价。但就算在这样的环境压力中白石翁也并没有选择退缩，而是继续隐忍创作，希望以自己的勤奋获得世人的认可。在1930年姚茫父去世后，齐白石写了首《题姚华画幅》诗："百年以后见公论，玉尺量来有寸分。死后是非谁管得，倘凭笔墨最怜君。④"仍然是抱着异常坚定的自信，不随流俗、不惧憎言。

---

① 同上，第51页。
② 同上，第73—74页。
③ 北京画院编：《人生若寄—北京画院藏齐白石手稿—日记（下）》，南宁：广西美术出版社，2013年，第332页。
④ 北京画院编：《人生若寄—北京画院藏齐白石手稿—诗稿（下）》，南宁：广西美术出版社，2013年，第472页。

四、须磨弥吉郎收藏笔记中二人的关系反转

图5 姚茫父 春可悦图 立轴 纸本设色
须磨弥吉郎旧藏

当研究者们逐渐断定齐白石与姚茫父的关系有较大嫌隙时，日本京都国立博物馆馆刊《学丛》却于2003期、2004期、2005期连续三期刊载了学艺员西上实整理的驻华外交官须磨弥吉郎的中国近代书画收藏笔记。笔记中除了对齐白石、姚茫父等个人评价非常之高外，也将二人的关系描述得异常亲密。例如，他在《中国现代国画分野展望》一文中说：

要论中国现代国画的一代宗师，到底谁才能担得起这个名号呢？姑且就不用追溯到赵之谦和林琴南等了，要说距离现代最近的大师，非姚茫父莫属。

首先，茫父精通金石篆刻，从这一点可以很自然地看出他作品的悠远性。特别是在山水画方面，比如草堂收藏的《春可悦》（图5），将类似西洋画中的水彩表现出充满自然的写实风味。

还有一点就是他挖掘出了齐白石。不过也只有姚茫父才能挖掘出白石翁的悠远性。哪怕仅凭这一点，也完全可以肯定地说他是现代中国画的大师。

将齐白石从其故乡湖南湘潭挖掘而出的人，正是姚华。齐白石自然就会受到很多姚华的影响。尤其是齐白石的篆刻就是

受姚华启发而创作出令人惊叹的作品，但是又可以看出白石翁在向姚华学习的同时，也有不断改善、不断开辟的痕迹。因为白石翁为山人（须磨本人）刻有"昇龙山人"的印章，这印的风格和姚华极其相似，这是来自同为篆刻家的颜世清的评语。①

在另一篇《茫父姚华》中又写道：

昭和四年一月一日（1929），山人将白石翁邀请到自己在北京的家中，当时我问白石："当代能令您感铭于心的画家有谁？"白石立刻说："当然是茫父。"从茫父在湘潭这一偏僻地方发现白石这一点看来，这个回答自然是毫无异议的。白石又说，在留意研究了以明朝四大名家为首的中国画大家后，痛感明末以后像茫父这样画法有所成就，又能表现出创意的画家并不多见。这也可以佐证山人将茫父与石涛相提并论的观点。②

1954年9月20日，须磨弥吉郎受新中国国务院总理周恩来的邀请前往北京参加建国五周年庆典，这是须磨时隔十二年再次踏上中国的土地。除了正常公务活动外，须磨又再次拜访了齐白石，没想到九十多岁的白石老人居然还住在原来的地方，且每天都坚持画画。之后须磨对这次会面回忆道：

两人叙旧后，我坦率地跟齐老提起，他以前画的山水真的很好，如果有能够割爱的，不妨再让给我一些。先生表示他自己也想留些的，但还是拿出了一幅自己珍藏的精品《水连天图》给我，齐老先生说这是他在72岁时所画。不仅如此，他还把从湘潭起就一直提携他的姚华，即姚茫父先生所画的《四君子图》也一并给了我。白石翁能有今日，也有姚华和我的一份功劳。齐老先生的慷慨之举无形中将我们三者的关系体现了出来，对此我深感欣喜。③

须磨弥吉郎于1927年11月正式抵达北京，担任公使馆二等书记官，1930年1月调任广东。这期间他在笔记中多次提到与齐白石的正面交流，因而齐白石对姚茫父的夸赞应该是确有其事。但同时笔记中所有出现的姚茫父作品却全部来自古

---

① 西上实编：《资料简介—须磨笔记：中国近代绘画编（1）》，载《京都国立博物馆学丛》，2003年5月第25号，第82–83页。
② 同上，第118–119页。
③ 须磨弥吉郎：《中共见闻记》，东京：产业经济新闻社，1955年，第79页。

董商店,也没有任何文字信息可以证明须磨曾经认识姚茫父。这说明"齐白石是被姚茫父从湖南湘潭提携来京"的说法纯属作者的想象。不过齐白石为什么要在须磨面前夸赞姚茫父呢?甚至齐白石向姚茫父学习书画篆刻是不是也是须磨的想象呢?现有两则史料或许可以旁证1927至1930年二人关系的缓和。

一则是1927年夏,姚茫父外甥熊圣敬随姚寓居莲花寺,他曾亲眼见到齐白石携带自己画的山水画过来请教:

> 有人说舅舅与齐白石老人有矛盾,我看不是事实。记得1927年夏季,齐老先生拿来两幅刚画好的画,请舅舅指点,舅舅忙说道:"哪里,哪里,还是互相切磋。"于是我把舅舅搀扶到书桌边后,就忙着铺纸、涮笔、研墨……齐老先生带来的是两张横幅水墨山水画。当时齐老先生比较擅长条幅花卉,对横幅画山水似乎还不太见长。我把宣纸铺好后,舅舅就提起笔来边画边讲,意思大概是,画惯条幅画的人往往只注意纵深,画横幅不仅要注意纵深,而且还要讲究场面的宏大。这时齐老先生立即将我铺下的宣纸揭去,将自己画稿铺上说道:"习作之品,就请先生在上面斧正吧。"为了不打扰他们,再加上他们说的、画的那些东西我也不太懂,我便在旁边的一张太师椅上坐下来看书,直到客人起身告辞。我见齐老先生已将舅舅改过的那一幅画,细心地卷好拿在手里,把那幅没改过的画信手一抓揉成一个纸团,扔进了字纸篓。舅舅诧异地看了看他,齐老先生赶快解释说:"此乃习作之品,要它何用。唯先生斧正之作,白石当珍藏起来。"

另一则是关于齐白石受聘京华美术专科学校的事。京华美专创立于1924年,当时是由邱石冥、高希舜、王石之等人以他们在国立北京美术学校的老师姚茫父的名义发起创办的私立美术学校。新校开学典礼姚茫父和齐白石都有参加,并且在姚茫父讲完话后齐白石也顺势说了句:"好,就是姚校长所说的这样,大家努力去做。"1926年姚中风后便由邱石冥代理校长,邱上任后力邀齐白石来校任教,但齐白石于1926年9月29日至10月3日,连续五天在《顺天时报》头版刊登《齐白石不好为人师》的声明,拒绝邀请。但1929年7月20日的《华北日报》第5版《今日中山公园京华美专图画展览大会》一文中列出了当时京华美专的校董名字,有沈尹默、邵次公、姚茫父、齐白石、凌文渊等。说明1929年齐白石已出任京华美专校董一职。①这其中虽有学生邱石冥的劝说,但背后肯定也得到了名誉校长姚茫父的支持。在齐白石为邱石冥题写的一幅《蘑菇图》(图6)中,便引述了姚茫父赠送给邱石冥的诗。那么在齐白石连续登报声明不为人师后仍被请出了山,这其中定是校方给予了白石翁充分的"礼遇"和"尊重"。

1926年姚茫父因脑溢血中风左臂致残,心向佛学,看淡人事。齐白石也因1922年中日联合绘画展览一举成名后,画艺逐年精进。故而在姚茫父去世前这段时间,二人关系缓和也是情理之中的事。况且在陈师曾(1923)、金北拱(1926)相继去世后,旧京师名义上的精神领袖已然落到了姚茫父身上。虽然须磨与齐白石有过几次会面,但基本都是出于礼节性的简短闲聊,且须磨又是日本驻华外交官,齐白石素来厌恶官场,因而与官员打交道时讲的无非也都是些场面上的话。那么对于1929年2月马上就要担任京华美专校董的齐白石来说,在个把月前的元旦节答复须磨他最铭记于心的人是姚茫父,也就顺理成章可以理解了。

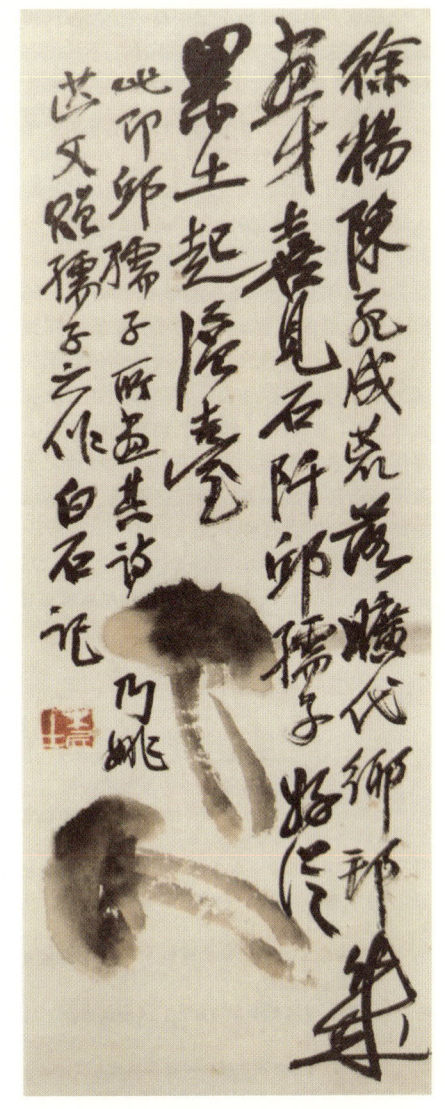

图6 邱石冥 蘑菇图 托片 纸本设色
北京画院藏

---

① 北京画院编:《齐白石研究第八辑》,南宁:广西师范大学出版社,2020年,第88页。

五、近代画家的"身份偏见"与"话语权转移"

人与人之间的交往根据际遇及时段不同有亲疏之别，实属正常。齐白石与姚茫父在相识之初维系着表面的客套，之后"亲"时是同行人际资源互惠的需要，"疏"则体现了自古以来中国封建社会文人群体普遍存在的"身份偏见"。

姚茫父是清朝光绪三十年（1904）甲辰科三甲九名进士，后在工部、邮船部等政府单位任职，醉心文艺，是实实在在身居高位的旧式文人。而齐白石出生在湖南湘潭的偏远农村，祖上世代务农，小时候只上过一年蒙学馆，十几岁时做起了走街串户的雕花木匠，廿七年华才开始读书学诗，四十岁后第一次走出家乡外出游历。所以二人在当时的社会地位及身份等级上是有悬殊的。因而当姚茫父背地里称齐白石为"齐山人""齐山民"时，齐白石内心很是不快，他也以"人骂我，我也骂人"的态度反讽姚茫父"城南邻叟同才调，科甲长安众口喧[1]"，讽刺他不过是仗着自己的功名，才攀附上了一定的社会声望。

在二十世纪初的北京画坛对齐白石有"身份偏见"的可不止姚茫父一个。之前文中提到的被齐白石赞誉为"君无我不进，我无君则退"的"莫逆之交"陈师曾也有说白石翁荒唐的时候。陈师曾（1876—1923），名衡恪，号朽道人、槐堂，江西义宁（今修水县）人。祖父是湖南巡抚陈宝箴，父亲是著名诗人陈三立，胞弟是国学大师陈寅恪。他于1902年东渡日本留学，回国后先后任教北京女子高等师范学校、北京高等师范学校、北京美术专门学校等，是京城各大美术社团，如宣南画社、西山画会、北京大学画法研究会、中国画学研究会的主创及核心成员。身为世家子弟的陈师曾与科甲进士姚茫父有着非常密切的私人关系，这一点从他们留下的众多合作画、书信手札中就可看出。陈、姚二人的合作画非常之多，而陈、齐单独的合作画却相当少见，这也说明陈师曾与姚茫父之间是身份对等的交往。学者朱万章曾在《陈师曾与20世纪北京画坛》一文中说：

---

[1] 北京画院编：《人生若寄–北京画院藏齐白石手稿–诗稿（下）》，南宁：广西美术出版社，2013年，第289页。

陈师曾和姚华被称为北京画坛的盟主，姚华的名气比陈师曾还要大一些，《中华民国美术史》中也有一个章节讲到。当时北京画坛是中国的主流画坛，陈师曾和姚华当时在全国的影响力是其他人无可替代的。①

由于身份地位的悬殊，齐白石在与陈师曾、姚茫父等人的交往过程中难免有些自卑和敏感，甚至有时表现出一种无奈的愤怒。他在有意无意间于公共领域将陈师曾或姚茫父塑造成推动自己变法革新的大恩人，无非是想借着他们的名士光环为自己做宣传，实际内心很清楚，他们与自己并非同道中人。有些人一出生就拥有的社会资源，或通过科考扭转的人生，兴许是他努力几辈子都争求不来的，更何况门第势利古今一律。有《白石诗草》为证：

工夫何必苦相求，但有人夸便出头。欲得眼前声誉足，留将心力广交游。十分福命十分名，更有先人世不轻。两字槐堂如写上，无群鉴赏买相争。不读书人要买画，入门形势作名儒。赢他一著三间屋，何愧胸中点无墨。②

齐白石认为陈师曾的"槐堂"如果不是靠着人夸，怎么会有那么多人来买画。关于陈师曾，在《白石诗草》中还记录了一件颇有意味的事。1925年胡佩衡临摹了一张陈师曾的山水送给齐白石，此时陈已去世近两年，齐白石很喜欢这张画，但他在画中的题诗却似另有所指：

能出王家工匠群，陈君笔墨世无伦。百园尺画人争买，呵护家家事鬼神。堪笑同侪白首勤，鼠窜成冢世无闻。传人自古由人定，本事三分命七分。直与原帧并驾藏，冷庵打破世无双。他年此幅凭人说，山水离魂无短长。③

这句"传人自古由人定，本事三分命七分"尽显白石翁在北京求生时遭遇的

---

① 朱万章：《陈师曾与20世纪北京画坛》，《中国美术》，2017年01期。
② 北京画院编：《人生若寄-北京画院藏齐白石手稿-诗稿（下）》，南宁：广西美术出版社，2013年，第409页。
③ 北京画院编：《人生若寄-北京画院藏齐白石手稿-诗稿（下）》，南宁：广西美术出版社，2013年，第288页。

不平和无奈。而写姚茫父"城南邻叟同才调,科甲长安众口喧"则紧随上段文字之后,说明此时白石老人对京城艺术圈的"身份歧视"颇为不满。

不过二十世纪初的中国正经历着千年未有之大变革,这种变革从制度到人心都是全方位的。齐白石心中的不平很快迎来了时代的曙光,他的画越来越被世人认可,甚至远销海外,直到如今依然是市场的宠儿,而陈师曾、姚茫父的作品却远不及齐白石卖的价高。这也验证了白石诗句中:"当时名誉未为凭,丑到无盐算绝伦,向后百年公论出,此时当有大惭人[1]"的预言。

那么又是什么原因让近代画家们的话语权从"身份认知"中发生了转移呢?这可能得从1905年清政府废除科举制谈起。虽然姚茫父是1904年的科甲进士,但从1905年起中国就再也没有科举了。像齐白石这样的底层农民,没了科举反而拓宽了向上层社会流动的可能。美国社会学家何炳棣在《明清社会史论》附录,社会流动的案例中选用了齐白石的例子。在他看来齐白石能成为一位蒸蒸日上的画家,主要得益于被地方精英集团接纳这一事实。[2]也就是湖南本土的胡沁园、王闿运两位老师真正将齐白石的身份从农民转换成文人。学者罗志田在《权势转移:近代中国的思想与社会》一书中提出了"边缘知识分子"的概念,事实上齐白石在当时完全符合这样的"边缘性":

作为一个群体,边缘知识分子在社会中起着"中间"或"过渡"作用,他们不论身心都徘徊在城乡和精英与大众之间,其在一定程度上也就起到了联系和沟通城乡及精英与大众的功用。所谓边缘,本是双向的,即一脚踏在知识分子一边,一脚踏在不能读写的大众一边。这样一种两可的特殊性使其有时更容易被双方接受。知识分子可见其知识的一面,大众则见其通俗的一面。[3]

这种沟通着城市与乡村、精英与大众的"边缘性",不仅体现在齐白石的身份上,同时还体现在他的艺术中。齐白石艺术活动的近百年,正是中国文化激烈

---

[1] 北京画院编:《人生若寄—北京画院藏齐白石手稿—诗稿(下)》,南宁:广西美术出版社,2013年,第350页。
[2] (美)何炳棣:《明清社会史论》,徐泓译注,北京:中华书局,2019年,第399页。
[3] 罗志田:《权势转移:近代中国的思想与社会(修订版)》,北京师范大学出版集团,2014年,第136页。

变迁的时代，许多本土画家都接受了西方艺术的洗礼，但齐白石一直坚守着从传统艺术自身求新求变的途径，他把时代审美需求与个人志趣相结合，借助文人艺术与民间艺术的各自特点，将中国画的现代转型推向一个全新的维度。

近代中国像以齐白石为首的"边缘知识分子"的兴起，代表着艺术界整体"话语权"开始从精英走向大众。在社会阶层重新洗牌的时代，人们也需要这样从底层不断攀升上来的"偶像"。那么从齐白石与姚茫父的关系发展中，我们能清楚地看到近代文人艺术家之间从"身份偏见"到"话语权转移"的群体性嬗变。

（陈雅婧，美术学博士，湖南科技大学艺术学院讲师、美术系副主任）

平生有债都偿遍　但欠梅花数首诗
——试析谢梅奴与齐白石交游

萧璐佳

　　【内容摘要】齐白石艺术人生，桃李天下，代表人物有李可染、李苦禅、王雪涛、王漱石、王铸九、许麟庐、陈大羽、萧龙士等，而作为师友交游更是数不胜数。本文限于篇幅，将谢梅奴的篆刻艺术结合谢梅奴早年与齐白石交游史实为重点，试析谢梅奴与齐白石的交游。

　　【关键词】齐白石；谢梅奴；弟子

　　谢梅奴（1913—1991），原名翰华，别署兴兰堂、三不堂。湖南宁乡人。（关于谢梅奴的籍贯又有长沙一说。考宁乡在秦朝时期，属长沙郡，明清时期，属长沙府，也说得过去。本文以敖普安先生主编《齐白石辞典》谢梅奴辞条为准）中国书法家协会会员、湖南省文史馆馆员、天心印社名誉社长。有《梅奴印存》《谢梅奴刻印》《中国篆刻百家——谢梅奴卷》《谢梅奴印痕》等集行世。
　　谢梅奴早负盛名，以篆刻名世，治印师承唐醉石，问学于王福厂，私淑黄牧甫，后潜心于秦汉，钟鼎文字，并涉猎砖瓦碑碣，如玉人治玉，无一印不完整，无一画不光洁，绝无断续处，而古意穆然，端庄典雅。
　　二十世纪三十年代，谢梅奴远走南京、上海、北京等地谋生，并以印会友，上至国民政府官员，下至各界文艺名流，多有过从。

如徐悲鸿、商承祚、马万里、王雪涛、李可染、启功、唐云、叶浅予、陈半丁、吴一峰、陆俨少、吴作人、关山月、黎雄才等艺术家成为谢梅奴篆刻的受众，这仅为"谢梅奴从艺六十年"来冰山一角。

现藏于广西博物馆《岁寒三友图》，马万里画竹，张大千画松，徐悲鸿画梅，谢梅奴作诗治印，见证谢梅奴交游人脉的起点之高，广度之深，加还有其他博物馆藏，都说明了谢梅奴的篆刻深受大家器重，艺蜚海内。

新中国成立前夕，谢梅奴没有随国民政府去台湾，而是参与中共地下党外围活动，湖南省和平解放。谢梅奴紧随着刘、邓大军解放大西南做策反工作。

1950年，回到长沙。

1951年，谢梅奴刻"毛泽东印"、"润之"对印以及谢梅奴刻毛泽东诗词印谱，由湖南省人民政府转致毛主席。

1957年，谢梅奴错划成右派，妻离女散。"文化大革命"，谢梅奴投入监狱强迫劳动改造20年。

1979年，拨乱反正，谢梅奴落实政策，享受离休干部待遇。1980年，谢梅奴重操铁笔，作品入选第一届、第二届全国书法篆刻展，加入中国书法家协会会员，湖南省文史馆馆员。

"六艺通四海，一刻值千金。"这是郭沫若对谢梅奴的篆刻人生最高评价。

一、谢梅奴与齐白石的两次交游

谢梅奴与齐白石的交游只有两面之缘。第一次，是民国二十年（1931），谢梅奴在南京国民政府参军处图书室任职，持郑□亲笔信，携齐白石早年为郑□所刻印拓《白石草衣》印集2册赴北平，专程拜访齐白石，这是谢梅奴与齐白石的第一次见面，齐白石观谢梅奴作品后大喜，欣然赋诗，并作书绘画，刻印相赠。此后两人多有书信往来。

郑□生平无考。齐白石未成名时，曾问学于郑□，并获得其多方支持，齐白石与郑□为师长关系。（见《齐白石辞典》·谢梅奴辞条）

第二次见面为民国三十六年（1947），谢梅奴在长春工作期间，时隔十六年再赴北平，拜见齐白石。此时白石已耄耋之年，谢梅奴客居北平一月，与齐子如，李可染，施剑翘等人多有交往。

两次见面，谢梅奴均以晚辈身份持弟子礼过访，得到齐白石老人的赏识和认可。谢梅奴与齐白石两次交游文献资料，均来自谢梅奴晚年口述，齐白石研究专家敖普安整理记录，敖普安早年就篆刻艺术求教于谢梅奴，谢梅奴先后为敖普安兄弟刻印十四方，交情深厚，敖普安所记史料真实可信。

对于谢梅奴来说，这两段美好的记忆，随着时局的变迁而改变，1957年，谢梅奴被错划右派，被投入监狱劳动改造。同年九月十六日，齐白石辞世于北京。从此两人天人相隔，为这段交谊画上了句号。

二、用为数不多的实物来印证两人的交游

谢梅奴与齐白石之间的交游，还有两个重要实物可以印证。

第一件实物，为民国三十八年（1949），齐白石的题签。印在北京豹文斋刊行《谢梅奴刻印》印谱上。（图1）

谢梅奴刻印。八十七岁白石老人。

1996年3月，《谢梅奴印痕》刊行。书的扉页再次用了这张影印的齐白石题签。可见谢梅奴对齐白石题签喜好程度及对齐白石的尊敬之情。

第二件实物，为齐白石赠谢梅奴扇面。

1980年，谢梅奴远游广东及周边地区，以铁笔会友，鬻印结缘。期间，贵州友人王得一携齐白石赠谢梅奴扇面归还。1984年元月，谢梅奴携扇面客广州，见弟子杨万湖非常喜欢齐白石这幅作品，即转赠给杨万湖，并刻"南海杨氏万湖收

平生有债都偿遍　但欠梅花数首诗

图1　齐白石为谢梅奴印谱题签

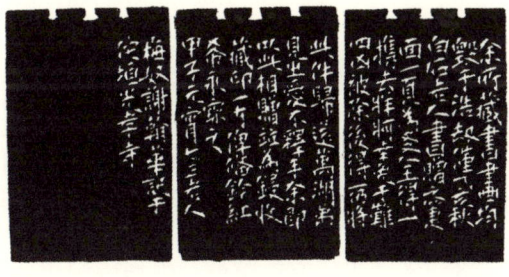

图2　谢梅奴为杨万湖篆收藏印

藏金石书画"印以记其事。（图2）

　　余所藏书画均毁于浩劫，仅乙亥秋白石老人书赠之以惠面一页，为友人王得一携去排闼，幸免于难，四凶被除后，得一仍将此件归还。万湖弟见之，爱不释手，余即以此相赠并为锓收藏印一方，俾备钤红，希永宝之。甲子元宵七三老人梅奴谢翰华记于佗垣光孝寺。

　　是印收录《谢梅奴印痕》一书，系谢梅奴晚年印作，是书共存印拓283方，精装彩版印刷，由刘炳汶、刘浩东先生出资赞助，杨万湖序，罗列编辑，印数一千册，为非卖品。全部分赠图书馆及同道中人，目的是提供对已故著名篆刻家谢梅奴先生艺术的研究。

　　1997年12月，敖普安先生客顺德进行学术交流，期间提及谢梅奴生平逸事，经友人推荐拜访九十老人罗列，携书回潭转赠同道。

　　考，刘炳汶，广东顺德人。广东省顺德市交通局局长兼书记，热心于文化、艺术、体育及社会公益事业，为顺德的交通发展作出巨大贡献，与奥委会主席萨马兰奇先生有过一段交往。积极组织举办过"谢老从艺六十周年"为主题的庆祝活动，提升了谢梅奴在广州等地的影响力。

　　考，王得一（1922—1997）曾用名宗陆，号老忘、春近楼主。湖南长沙人，民革成员。新中国成立前曾任长沙县河东行署科员，衡阳市政府秘书、湖南省第二区行政督察专员公署秘书、汉寿田粮处主任秘书、湖南省民政厅视察兼湖南省政府秘书处出纳科长专职。新中国成立后曾任贵阳市公私合营五金汽材部秘书、贵阳物资回收公司干部，贵阳雕刻工艺厂干部。贵阳市政协第五、六、七届委员。贵州省文史研究馆馆员，中华诗词学会理事，中国书法家协会会员，贵州芙峰印社副社长，《书画春秋》副主编，贵州省诗词学会常务理事，贵州爱晚诗社副秘书长，著有《篆刻技法》。

　　牂牁，古国地名，在今贵州省境内。根据边款内容与王得一人生经历相互吻合，王得一为谢梅奴印款当中提及的好友无疑。

　　通过敖普安先生的文献记录和现存实物的双重考证，几个重要的纪年可以分析出两人交游的时间跨度。乙亥即1935年，谢梅奴时年22岁，结合题签纪年以及第一次访齐白石的时间段来分析，两人虽然只有两面之缘，但书信往返近二十余年，由于年龄的差距，谢梅奴持弟子礼交游于齐白石，可信服，可实锤。

三、谢梅奴篆刻作品的三个分期

　　（一）以师从唐醉石先生风格的印为第一期，时间段为1930—1938年

　　代表作有《挥戈反日图》长卷。卢沟桥事变后，谢梅奴在武汉以抗战口号

"抗战必胜""团结御侮""把我们的血肉筑成我们新的长城"等句篆刻成印,在武汉展出。开创以时代语入印之先例。武汉《抗战漫画》《良友画报》相继报道刊登了谢梅奴的篆刻作品,广为传播中国人民抗战必胜的决心。(图3)蒋介石、林森、冯玉祥、郭沫若、茅盾、田汉、徐悲鸿等人为长卷题词,著名书画家马万里所题"人有笔如刀,君有刀如笔,一刻值千金,挥戈扫顽敌"在国内大城市巡展。蒋介石,冯玉祥,于右任,郭沫若等亦请谢梅奴刻印留念。从此,谢梅奴篆刻名声远播。在武汉鬻印不俗,收入颇丰。

图3 谢梅奴《挥戈反日图》口号印

1985年10月2日,《书法报》发表敖普安《挥戈扫顽敌,金石证沧桑——忆"挥戈抗日图"》。20世纪90年代,西泠印社副主席刘江在《书法报》上撰文,以图文并茂的形式,详细地介绍当年谢梅奴以篆刻的形式宣传抗日史实,同期,北平沦陷,齐白石为了不受敌人利用,坚持闭门不出,并在门口贴出告示,上书:"中外官长要买白石之画者,用代表人可矣,不必亲驾到门,从来官不入民家,官入民家,主人不利,谨此告知,恕不接见。"两位艺术家都表明了出拳拳的爱国之心。

此期,谢梅奴《挥戈反日图》上篆刻作品以唐醉石风格为主。

唐醉石(1885—1969),原名源邺,号醉石,湖南长沙人。幼随外祖父谋生于杭州。曾任北洋政府国务院印铸局技正科长、所长、故宫博物院顾问、南京政府印铸局技师、湖北省文史研究馆副馆长、西泠印社创社社员、东湖印社创社社长。

醉石先生博古多识,秦汉碑碣一入其目,真伪立判。善画。工书法,篆书得力于两周金石及秦刻石,隶书融会诸汉碑之长,书风静穆古雅。精篆刻,宗秦、汉,受西泠八家影响颇深。存世有《醉石山农印稿》《唐醉石印存》《唐醉石治印选集》等集行世。

（二）在学唐醉石印风的基础上略参黄牧甫风格的印为第二期，时间段为1939—1945年

武汉失守后，谢梅奴随国民政府移迁陪都重庆，任职军委会办公厅秘书处。

1940年，谢梅奴与朱景源、徐文镜、陈敬先、黄笑云、高月秋、曾绍杰、蒋维崧等八人，在重庆巴山成立"巴山印社"。

"巴山印社"基本情况为高月秋先生抵渝后，在重庆繁华区开设"美伦照相馆"，且兼做其他生意，经济上较为宽裕。印社社员都出版过自己的印集。徐文镜有《镜斋印剩》《大雅社印谱》及《古籀汇编》，早已是饮誉艺林。抵渝后，徐文镜在大梁子新生市场内经营"紫泥山馆"，出售自制印泥，代售旧字画及古玩。朱景源辑有《伏庐用印》、蒋维崧有《费白日宧印存》，而曾绍杰在渝时任职军政部兵工署财会科科长，赁居之地与乔大壮比邻，尝与之"选石奏刀，率成常课，斟古酌今，每忘漏尽"。

印社社员高月秋、蒋维崧、曾绍杰等人皆师乔大壮。

1943年，巴社社员每人精选十印，由高月秋先生编辑，印选为石印原拓本，精拓一百部。名为《巴社印选》，乔翁作序。

1945年，抗战胜利后，国民政府复都南京，印社社员四散，曾绍杰去了台湾，徐文镜去了香港，大部分社员留在大陆，巴山印社随之解散。

此期，谢梅奴的篆刻作品广泛涉猎秦汉、钟鼎、砖瓦文字。代表作为谢梅奴1948年刻毛泽东《沁园春·雪》印谱。成为国内以毛泽东诗词入印第一人。（图4、图5）

图4 谢梅奴五十年代初篆毛泽东印

（三）以汉印及黄牧甫印风为主的晚年印为第三期，时间段为1980—1991年

1979年，谢梅奴落实政策后，已是67岁的老人，晚年尤喜以梅花诗句入印。

愿与梅花作奴仆，且将铁笔遣生涯。

平生有债都偿遍，但欠梅花数首诗。每念及此，心殊耿耿。二十年来吟咏久，疑此债今生无了期矣。

谢梅奴一生爱梅、以梅喻人，借著梅花品格，托物言志，感物抒怀，将梅花高洁孤傲，独标隽永而又不争芳妍的品格融入谢梅奴篆刻印语中，成为谢梅奴晚年为人谦和，处世低调，潜心艺事，淡泊名利的真实写照。

此期主要集中在《谢梅奴印痕》《中国篆刻百家·谢梅奴卷》两卷印集中，代表作"邓小平"、"礼运《大同篇》"等。宁静浑穆，劲健遒丽的审美取向，贯穿整个谢梅奴晚年的篆刻基调。（图6、图7）

图5　谢梅奴篆毛泽东主席诗词印

图6 谢梅奴为邓小平主席篆刻

图7 谢梅奴晚年重刻大同篇印

四、齐白石到底对谢梅奴产生多大影响力

谢梅奴的一生，以篆刻应运而生。每一方篆刻作品诠释谢梅奴交游和成长历程，一段历史。其间谢梅奴两次持弟子礼拜访齐白石，并尊称齐白石为老师，两人长达二十几年的交游，谢梅奴对齐白石的篆刻风格应该相当熟习。但纵观谢梅奴各个时期的篆刻作品，很难在其印谱当中找出一方与齐白石印风相类似的作品，作为齐白石的弟子，齐白石到底对谢梅奴篆刻产生多大的影响力，也是这篇文章的核心所在。

我们不妨从多方面着手分析：

1.难道谢梅奴没有学习齐白石篆刻的时间和机遇吗？这样的推测显然不合常理，谢梅奴一生有两个时间段完全可以学习齐派印风，一个时间段为1931—1949年，这个时期的谢梅奴年轻力壮，正是精力充沛的年龄，也是转益多师的时期，却没有尝试去创作与齐派风格相类似的作品，令人寻味。另一个时间段为1980—1991年，这个时期的谢梅奴步入晚年，审美取向、技法日趋成熟。用冲刀法尝试刻一方齐派印，不是难事。而两个时间段均没有发现谢梅奴临习或创作过齐派印风的作品留下的印痕。

正如李可染所说的那样，"用最大的功力打进去，用最大的勇气打出来"。所以李可染成功了，崔子范成功。反观谢梅奴篆刻，谢梅奴在第一时间段内，也就是客重庆巴社期间，受乔大壮及社友的影响更深，更彻底。特别是谢梅奴的晚年篆刻，与乔大壮、蒋维崧创作的印风十分接近，将内心的宁静融入归朴返真，无欲无求篆刻中，下面的几方印作一目了然地看出它们之间有似曾相识的感觉。（图8—图12）

2.造成这样的缘由，不知道是否与齐白石提出的观点："学我者死，似我者俗"有关联，如果这样的话，谢梅奴等于直接放弃了创新的机会，造成谢梅奴篆刻明显的个性不足。

3.当然两人当时还有政治上的顾虑，还有性格的原因。比方说两人的性格不同，齐白石为太阳型的性格，谢梅奴为少阴型的性格。促使了两人风格截然不同。

综合上述的分析，就篆刻而言，齐白石大刀阔斧、纵横驰骋的印风对于谢梅奴篆刻来说，影响力为零。

五、谢梅奴到底是齐白石的师友还是弟子

目前，国内一些权威专著，简单地将谢梅奴与齐白石定为师徒关系，笔者通过这篇文章立意，从交游上罗列，从师承上分析，从谢梅奴篆刻作品与齐白石篆刻作品进行对比认为，谢梅奴持弟子礼拜见齐白石是史实，谢梅奴比齐白石小49岁，作为同乡和晚辈，持弟子礼过访既是一种礼节，叫齐白

图8 谢梅奴晚年刻文艺为工农兵服务印

图9 谢梅奴篆"寄妙理于豪放之外"印

106　大匠之门·齐白石研究

图10　蒋维崧刻"名是无穷寿"印

图11　蒋维崧刻"美意延年"印

图12　乔大壮篆"未生白发犹堪酒"印

石一声老师，也是对齐白石老人的尊敬。

笔者认为把持弟子礼的谢梅奴认定为齐白石的弟子，过于草率简单了点，缺少如齐白石为弟子萧龙士治"龙士"印，款上明确落下"龙士弟子"句，这样的有力证据来实锤（图13）。齐白石与谢梅奴两人之间的关系，介于亦师亦友之间或许更为贴切妥当一点，此处结论仅为个人观点，谨请海内外专家学者指正。

（萧璐佳，云南艺术学院设计系）

图13　齐白石为萧龙士刻印

齐白石与王闿运的师生关系新考

尹军

内容提要：文章首先从齐白石拜王闿运为师的四个版本入手，揭示出齐、王师生关系存在许多不自然、不和谐的现象。然后，通过对齐、王日常交往的梳理与剖析，发现在很长一段时间内，不但齐白石内心深处未尊王闿运为师，王闿运也对齐白石是否为自己的弟子表现出闪烁与犹豫的态度。最后得出结论：齐白石并非王闿运的入室弟子，齐、王师生关系的确立，是不断磨合、不断包容、不断构建的产物。

关键词：齐白石；王闿运；日常交往；师生关系；构建

一、引言

谈到齐白石与王闿运的交游，师生关系是人们对此的第一反应。其实，这种笼统的说法，既不能涵盖齐、王之间曲折的交往过程，也不能准确地概括齐、王之间究竟是一种怎样的师生关系。实际上，正如齐白石在晚年口述时所说的那样，当时拜入王闿运门下存在一种普遍现象："那时湘公的名声很大，一般趋势好名的人，都想列入门墙，递上一个门生帖子，就算作王门弟子，在人前卖弄卖弄，觉得很有光彩了。"①

当然，齐白石同样未能免俗，不同的是，齐白石拜师前并非趋之若鹜而是踟蹰不前，拜师后也没有作为资本拿来炫耀与卖弄。并且，在相当长的一段时间里，齐白石与王闿运存在着非常微妙的矛盾。这种矛盾真实地反映了那个时代的士林风气，反映了两代人之间学术观念的差异，当然也反映了齐白石与王闿运的性格特征。因此，弄清楚齐白石与王闿运之间的日常交往，对他们的关系重新进行打量与界定，是齐白石研究不能绕开的一个话题。基于此，笔者从齐、王关系的四个版本入手，重返齐、王日常交往的场景，揭示齐、王关系的确立存在一个从相互隔膜到相互宽容再到相互和解的曲折过程。

二、齐白石拜师王闿运的四个版本述略

齐白石拜师王闿运有四个版本，即齐白石的自述、王闿运的日记、齐佛来的转述、《东方日报》的报道。下面对这四个版本略做梳理。

（一）齐白石自述中的版本

《白石老人自传》云：

光绪二十五年（己亥・一八九九），我三十七岁。正月，张仲飏介绍我去拜见王湘绮先生，我拿了我做的诗文，写的字，画的画，刻的印章，请他评阅。湘公说："你画的画，刻的印章，又是一个寄禅黄先生哪！"湘公说的寄禅，是我们湘潭有名的一个和尚，俗家姓黄，原名读山，是宋朝黄山谷的后裔，出家后，法名敬安，寄禅是他的法号，他又自号为八指头陀。他也是少年寒苦，自己发奋成名，湘公把他来比我，真是抬举我了。那时湘公的名声很大，一般趋势好名的人，都想列入门墙，递上一个门生帖子，就算作王门弟子，在人前卖弄卖弄，觉得很有光彩了。张仲飏屡次劝我拜湘公的门，我怕人家说我标榜，迟迟没

---

① 齐良迟主编，宗德路、齐展仪副主编《齐白石文集》，商务印书馆，2005第59页。

有答应。湘公见我这人很奇怪，说高傲不像高傲，说趋附又不肯趋附，简直莫名其所以然，曾对吴邵之说："各人有各人的脾气，我门下有铜匠衡阳人曾招吉，铁匠我同县乌石寨人张仲飏，还有一个同县的木匠，也是非常好学的，却始终不肯做我的门生。"这话给张仲飏听到了，特来告诉我，并说："王老师这样地看重你，还不去拜门？人家求都求不到，你难道是招也招不来吗？"我本也感激湘公的一番厚意，不敢再固执，到了十月十八日，就同了仲飏到湘公那里，正式拜门。但我终觉得自己学问太浅，老怕人家说我拜入王门，是想抬高身份，所以在人面前，不敢把湘绮师挂在嘴边。不过我心里头，对湘绮师是感佩得五体投地的。仲飏又对我说："湘绮师评你的文，倒还像个样子，诗却成了《红楼梦》里呆霸王薛蟠的一体了。"这句话真是说着我的毛病了。我做的诗，完全写我心里头要说的话，没有在字面上修饰过，自己看来，也有点呆霸王那样的味儿哪！①

这个版本展现了齐白石拜师王闿运的曲折过程，但言辞颇为闪烁。概括起来有四个意思：第一，拜师的时间是光绪二十五年十月十八日，同行者为张仲飏；第二，拜师的缘起是王闿运赏识，张仲飏撺掇、齐白石才勉为其难；第三，齐白石怕落下一个"想抬高身份"的名声，所以"在人面前，不敢把湘绮师挂在嘴边"；第四，王闿运对齐白石的诗文、画、印做了全面评价，其中涉及诗文时，觉着文章"倒还像个样子"，诗歌"却成了《红楼梦》里呆霸王薛蟠的一体了"。尤为重要的是，齐白石接受了这个评价，认为自己的诗"也有点呆霸王那样的味儿哪！"

在这里需要特别说明的是，齐白石这个版本，并不能完全代表当时拜师王闿运的真实想法。因为《白石老人自传》是1936—1948年之间齐白石断断续续的口述，由张次溪整理完成，所以，1936年以前的事情，只能代表1936—1948年之间齐白石的回忆与解释，这一点非常重要，是我们理解此版本的关键所在。

---

① 齐良迟主编，宗德路、齐展仪副主编《齐白石文集》，商务印书馆，2005，第59—60页。

（二）齐佛来的版本

齐佛来系白石老人的嫡孙，在《我的祖父白石老人》一书中，用了两百来字介绍了齐白石拜师王闿运的过程：

据祖父说他拜王闿运（湘绮）为师的来历是这样的："本来王闿运是清末一位著名学者，曾主办过江西南昌高等学堂，并任过清史馆馆长，兼任参政院参议。门下都是一些饱学名流，按照我当时的身份是不够格的。由于听说我是木匠出身，秉性也还聪明，画、印、诗、书又都有些基础，加之他已有两个特殊的学生：一个叫张仲飏，湘潭人，出身铁匠；另一个叫曾招吉，衡阳人，出身铜匠，他想凑个王门三匠，在士林中传为佳话。因此，嘱意张仲飏要我拜他为师"。三匠齐集江西，王闿运又把"王门三匠"改为"西江三匠"，听起来更加雅致[①]

齐佛来的这段文字传递了三个讯息：其一，以齐白石当年的身份，并没有资格拜入王门；其二，因为齐白石秉性聪明，又有画印诗书的基础，兼之王闿运门下已有铁匠张仲飏、铜匠曾招吉，想凑齐"王门三匠"，便嘱意张仲飏在其中穿针引线；其三，南昌七夕雅集时，因三匠齐聚江西，遂易"王门三匠"为"西江三匠"。

一言以蔽之，齐佛来的版本与齐白石的版本大同小异，唯有区别的是齐白石自述的版本里是张仲飏"屡次相劝"，齐佛来的版本是王闿运"嘱意"张仲飏。如果我们仔细研读齐佛来的文本，会发现齐佛来把拜师的缘起内容加了引号，并使用了第一人称，其意当为引自祖父齐白石的原话。这就充分说明，在不同的环境里，齐白石论及拜师王闿运一事时，有不同的叙述。

（三）王闿运的版本

对于齐白石拜入门下，王闿运己亥年（1899）十月十八日日记中有云：

[①] 齐佛来著：《我的祖父白石老人》，西北大学出版社出版发行，1988，第20—21。

十八日，晴。休假一天，齐璜拜门，以文诗为贽，文尚成章，诗则似薛蟠体。①

翌日，又载：

十九日，晴。齐生告去，送之至大码头。②

"大码头"是湘潭十八总，为轮渡码头，如今湘潭上了年纪的人仍这样称呼。从日记可知，齐白石拜访王闿运时只带了文章和诗歌，是否带了画和印，从日记内容中无法断定。另，从日记中也无法验证齐白石自述中所说"就同了张仲飏，到了湘公那里，正式拜门"。

距这两则日记九个月之前，王闿运在郭葆生父亲郭松林祠堂中见到了齐白石，具体时间是己亥年（1899）正月廿日，这是笔者目前所见王、齐相遇的最早记录：

廿日，阴晴。永孙来，令其暂取画去，俟后题之，本约已集郭祠……杨先往，余后踵之……看齐木匠刻印字画，又一寄禅、张先生也……。③

从此则日记可以见出，在齐白石拜入王闿运门下之前，王便见到了齐白石的字画与印章，并作出了自己的评价。

细心的读者一定会发现，王闿运三则日记中对齐白石的称呼竟有三个，依次为：齐木匠、齐璜、齐生。其中"齐木匠"是按齐白石的出身称呼，"齐璜"是按胡沁园、陈少蕃所取名字称呼。而"齐生"意义却很模糊，既可指学生，也是湘潭对年轻男子，或年龄比自己至少晚了一个辈分的男子称呼，也就是"后生"

---

① 马积高主编、王闿运著《湘绮楼日记》，岳麓书社，1997，第2249页。
② 同上。
③ 同上，第2195-2196。

的意思。

综合看这三个版本,我们会发现,齐白石、齐佛来、王闿运都没有提到举行拜师仪式。也就是说,我们无法从这三个版本里判断王、齐是否为有仪式契约的师生关系。

(四)《东方日报》报道的版本

1939年7月19日的《东方日报》刊载了一篇题为《王湘绮提拔齐白石》的文章,署名"百合",貌似把上述的疑窦全部解开,录于下:

中国著名的国画家,已故的吴昌硕、高奇峰、王一亭等人,现在硕果仅存的,大约只有一个齐白石了。提起齐白石来,大家都知道他是一位现在誉满全国的大画家,但他的出身却是寒微得很,信不信由你,这位齐大画家的幼年,竟是一名木匠。王湘绮名叫壬秋,是个很有学问的文人,王家住在湘潭,和黎翰林是好友。一天走到黎翰林家去闲谈,从大厅上走过,看见大厅前面天井中有一个雕花木匠正在聚精会神地工作,年纪是很轻的,案板上放着一本陆放翁诗集,和一本湘绮楼诗集,心上不禁暗暗纳罕,慢慢踱到那小伙子面前,问道:"你能读诗吗?"那小伙子吞吞吐吐地应答了一个"是"字。王湘绮更是奇了,便追问道:"你也能读我的诗吗?"那小伙子恭敬地回答道:"是的。"王老诗人不由地大吃一惊,便道:"你能做(作)诗吗?"那小伙子道:"也会一点儿。"凑巧案板上也有一本诗草,便捧出来恭恭敬敬地献上来。湘绮打开一看,不由眉飞色舞地拿去给黎翰林看,说道:"好极了,好极了,想不到这小木匠,有诗的天才,我要好好栽培他,收他做一个学生。"这小木匠到(倒)很乖巧,连忙爬(趴)在地上,磕了三个头,从此便平地一声雷,由小木匠变成大诗人的弟子了,这小木匠不是别人,便是齐白石。

他本来姓齐名璜,字落(濒)生,他取白石之名,是在他成名以后。自从王湘绮收做了学生,他一面学诗,一面学画,王湘绮对于画,家中收藏极多,也好好给他看,指点他,如此学了三四年,画的名声反而超过了诗的名声,于是他专门作画上用工(功)夫,他在北平卖画,一张画居然卖一千多元,该他的名声,不在已死的吴昌硕之下哩！①

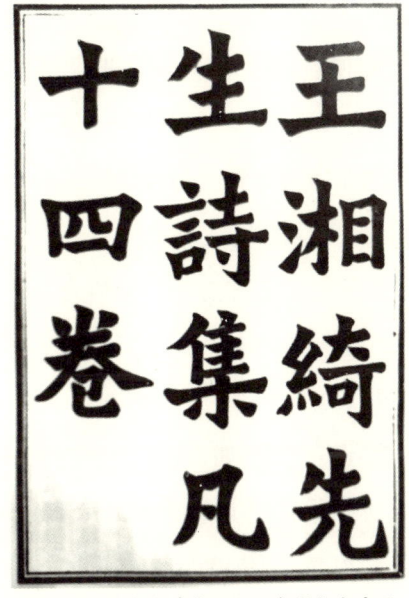

图1 王湘绮先生诗集凡十四卷影印本扉页

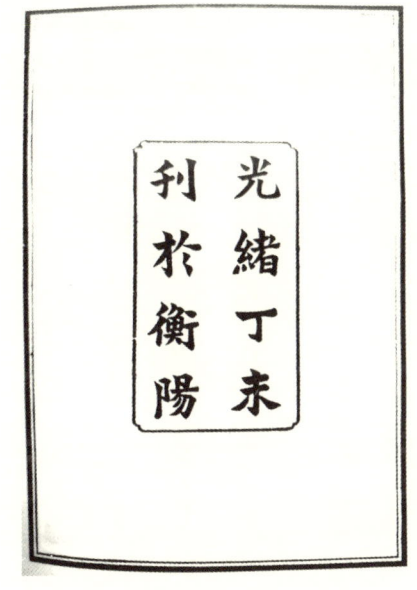

图2 王湘绮先生诗集凡十四卷影印本扉页

一篇不足800字的报道，读来让人啼笑皆非，错讹程度令人大为惊愕。

错讹一，地点错讹。前文已有交代，齐白石与王闿运的首次相遇是在郭武壮祠，报道却把相遇设置在黎翰林家，这很容易让人想起胡沁园初遇齐白石的情节。

错讹二，时间错讹。报道虽未明确写出齐、王相遇的时间，但案板上放着的"一本湘绮楼诗集"，提示了时间讯息。据王闿运长子王代功所编《湘绮府君年谱》记载，王闿运光绪三十三年（1907）八月始刊《湘绮楼诗集》。谱云："八月新刻《湘绮楼诗集》成，自校一过，重刊两篇，更作五首补版，即《销夏五咏》也。"②

笔者找到了此原刊本的影印本，全称为《王湘绮先生诗集凡十四卷》，有"光绪丁未刊于衡阳"字样（图1、图2）。齐白石的案板上放着"湘绮楼

---

① 转引奇洁撰《湘绮门墙白发新》，《齐白石师友六记》，广西师范大学出版社，2020，第74-75页。
② 熊治祁编《湖南人物年谱》第四卷，湖南人民出版社，2013，第569页。

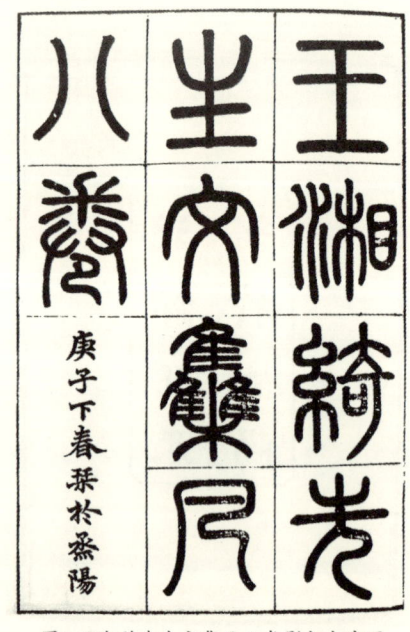

图3 王湘绮先生文集凡八卷影印本扉页

诗集",说明至少是在1907年8月以后。

即使是作者"百合"把"湘绮楼文集"误写成了"湘绮楼诗集",时间也在1900年农历三月以后,因为王闿运文集最早也是在光绪二十六年庚子年刊行,全称为《王湘绮先生文集凡八卷》,并有"庚子下春刊于烝阳"的款署(图3)。

再退一步,如果"百合"把王闿运所编的诗集误写成"湘绮楼诗集",也是在1900年十月以后。因为,王闿运所编诗集最早刊行于1900年农历十月,有《湘绮府君年谱》光绪二十六年庚子词条为证:

十月茂妹自山塘来衡。新刻《唐歌行选本》五卷成,自校一过。①

错讹三,姓名字号的错讹。众所周知,齐白石原名纯芝,号渭清,又号兰亭。"廿七年华始有师"后,胡沁园、陈少蕃夫子为之更名为"璜",字"濒生",号"白石山人"。这篇报道却表述成"他本来姓齐名璜,字落(濒生),他取白石之名,是在他成名以后"。

错讹四,齐白石向王闿运学画的错讹。在齐白石所有的文献资料中,并未提及向王闿运学画,而且也找不到王闿运擅画的记载,报道中竟出现了"如此学了三四年,画的名声反而超过了诗的名声"这样的词句,让人一头雾水,不知

---

① 熊治祁编《湖南人物年谱》第四卷,湖南人民出版社,2013,第552页。

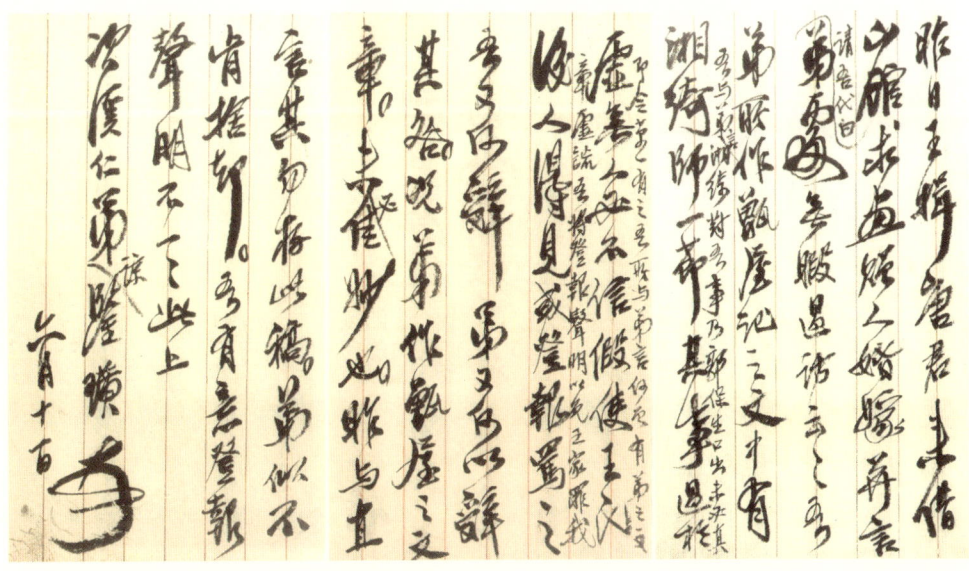

图4 齐白石 致张次溪信札 纸本 尺寸不详 无年款 私人藏

所云。

至于"他在北平卖画,一张画居然卖一千多元"之类的话,更是直接令人蒙圈。

为何会有这么多的错讹?笔者认为是这篇文章太想强调两个意思:

其一,王闿运对齐白石的诗非常赏识,便萌生了主动纳为学生的意向——"好极了好极了,想不到这小木匠,有诗的天才,我要好好栽培他,收他做一个学生"。

其二,齐白石对拜师王闿运求之不得——"连忙爬(趴)在地上,磕了三个头"。

如此鲜明的主旨,让笔者异常纳闷,幸好有齐白石写给张次溪的书信或可解开这个疙瘩。(图4):

昨日王揖唐君来借山馆,求画,赠人婚嫁,并言请吾代白弟处,无暇过话云云。吾弟所作《甑屋记》之文中有湘绮师一节,其事过于虚无,人必不信。假使王氏后人得见，或登报骂之，吾又何辞？弟又何以辞其咎？吾与弟言湘绮对吾事，乃郭葆生口出，未必真。即令万一有之，吾所与弟言，何曾有弟之文章虚谎？吾将登报声明，以免王家罪我。况弟作甑屋之文章，未必佳妙也。昨与直言其勿存此稿，弟似不肯舍却。吾有意登报声明。不一一，此上。次溪仁弟谅鉴。璜顿首，六月廿一日。

目前，我们虽无缘见到信中所提张次溪撰写的《甑屋记》，但大概明了记中必有"虚谎"之言，且必不敬或不利于王闿运，所以齐白石当面表达了不宜公开发表的担忧后，再度书信劝阻，并作出了"登报声明"的决定，以免与王氏后人引起不必要的纠纷。虽然此信没有具体年份，日期"六月廿一"亦无法辨别是阴历还是阳历，但我们可以看出此封书信和《王湘绮提拔齐白石》的报道文章，是有因果关系的。也就是说，这篇文章带有非常强烈的功利目的。其核心内容为王闿运不仅是齐白石的老师，而且齐白石主动行了跪拜礼。这和《白石老人自传》等版本中的叙述是有较大差异的。而且文章中避开了王闿运评价齐白石诗为薛蟠体的话题，明显是不想为齐白石的诗歌作负面报道。

齐白石拜师王闿运的四个版本，其中最为可信的无疑是王闿运的日记。《白石老人自传》毕竟是为公开发表所作的口述，难免存在选择性失忆。《我的祖父白石老人》可视作《白石老人自传》的延伸和转述。最不可信的是《王湘绮提拔齐白石》的短篇报道，他只是对《白石老人自传》中的片段进行完善与圆通，其中款曲，不言自明。因此，如果需要对齐白石和王闿运的关系进一步了解，我们必须回到当时语境，从齐白石与王闿运交往的具体事件的细节中，进行梳理与探求。

三、从齐白石一方看齐、王的日常关系

只有回到当时的日常交往，我们才能更深入地了解齐、王的关系。齐拜入王之门下为1899年，上文已有交代，故不重复，抛开1899的交往，目前有史可征的

自1903年始，故本节的交往以1903年为起点，着重从齐白石对王闿运如何称呼的角度切入。

（一）1903年的称呼——王壬秋先生

齐白石1903年所作《癸卯日记》中有两则讯息涉及王闿运，录于下（图5、6）：

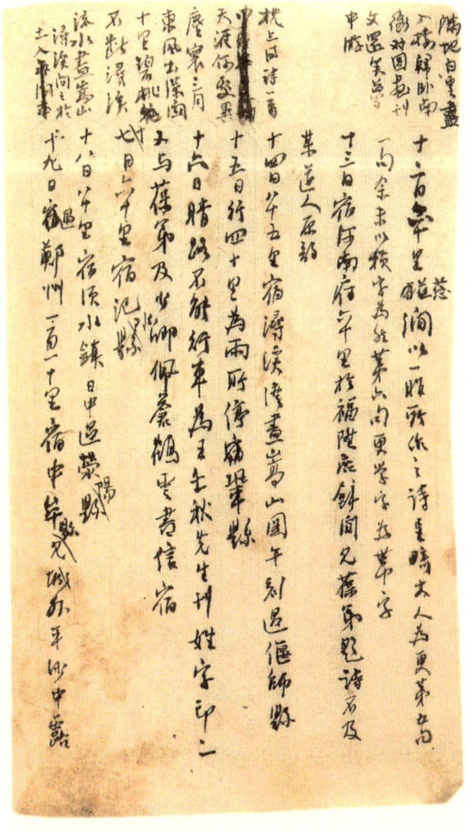

图5 齐白石 癸卯日记 纸本
16.5cm×11cm 1903年 北京画院藏

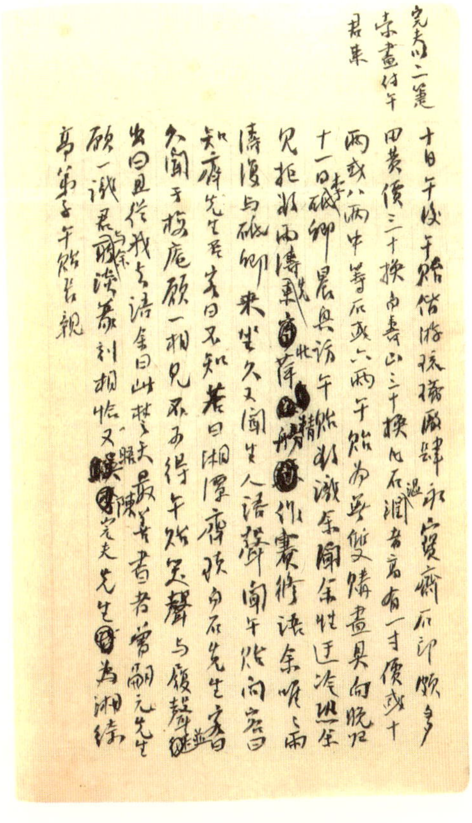

图6 齐白石 癸卯日记 纸本
16.5cm×11cm 1903年 北京画院藏

（三月）十六，晴，路不能行车，为王壬秋先生刊姓字印二。

（四月）十一日……又晤陈完夫先生，为湘绮高弟子、午贻长亲。

从两则日记中"王壬秋先生""湘绮"的称呼，我们无非判断齐白石有尊王闿运为师的意向。只要对照同年日记中对胡沁园的称呼，我们便可见出端倪。录《癸卯日记》涉及胡沁园称呼的三则于下：

（五月）十九日，与沁园夫子书。又与石安书，寄物与石庵，共六件。又家书。服气作怪，未课无双画。未刻，以家书及寄石庵，沁公之书及物送交张贡吾兄收。（图7）

（五月）廿三，课画。未刻偕筠安去琉璃厂定笔赠沁公，自又定笔十有六枝。（图8）

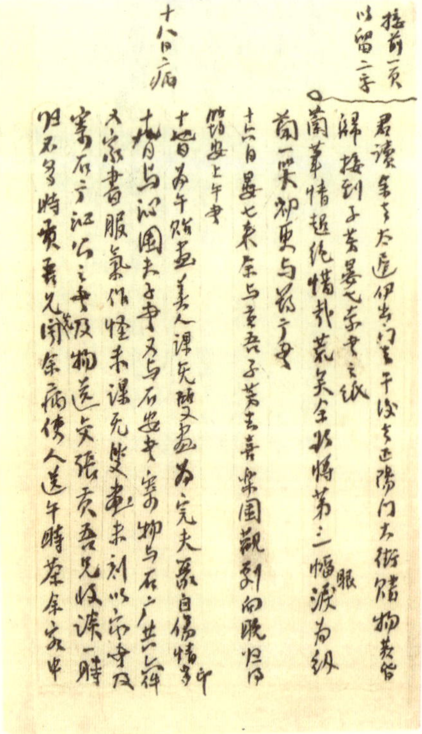

图7 齐白石 癸卯日记 纸本
16.5cm×11cm 1903年 北京画院藏

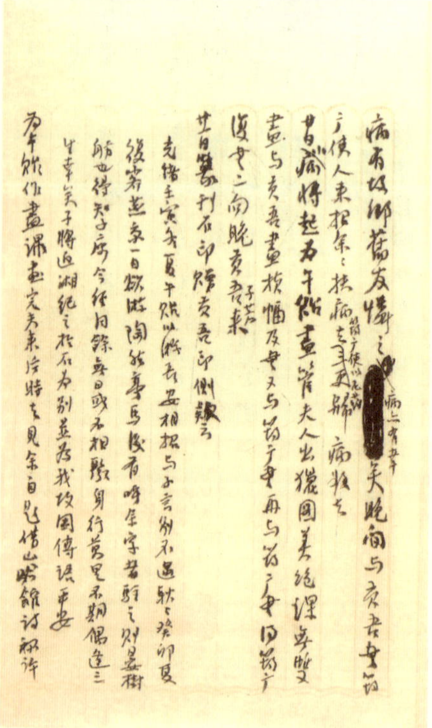

图8 齐白石 癸卯日记 纸本
16.5cm×11cm 1903年 北京画院藏

（闰五月）八日，病轻……以书与晓棠摧取赠沁公便面，复云冷金便面前夜亲交，并书沁园先生之款。（图9）

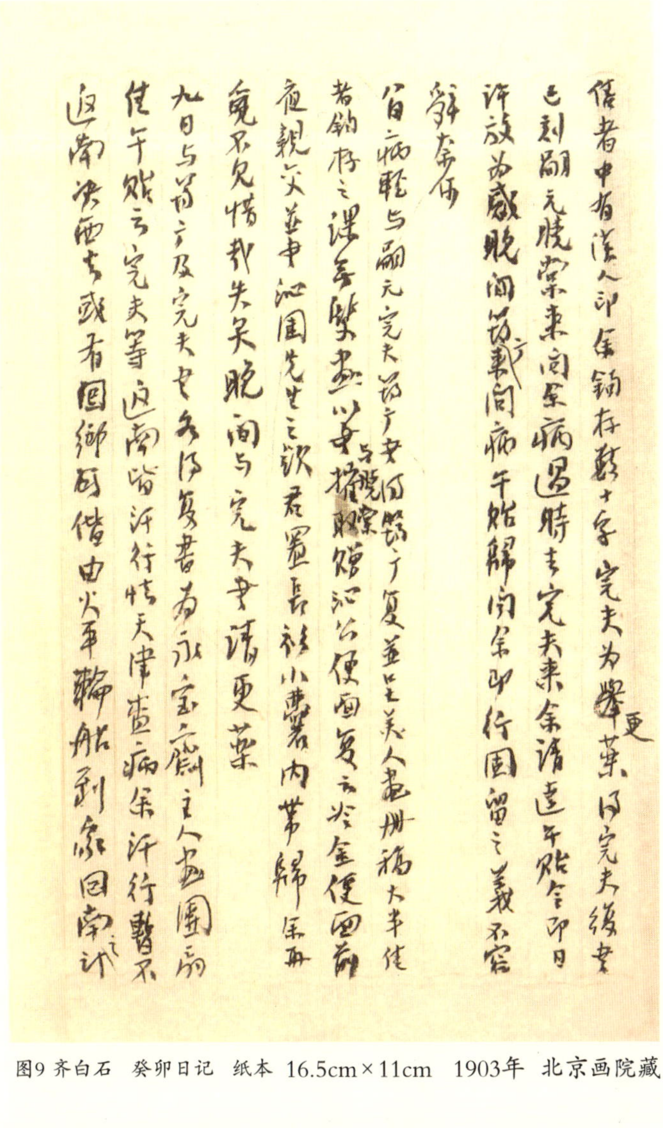

图9 齐白石 癸卯日记 纸本 16.5cm×11cm 1903年 北京画院藏

相信细心的读者已从称呼看出了其中的奥义。严格说来，在齐白石时代，对自己的老师不仅不能直呼"姓名"，也不能直呼其字号。可偏偏齐白石不仅仅直呼"湘绮"，而且还直呼"王壬秋先生"，实则有些大不敬，是齐白石不懂礼节？非也，只要看他对胡沁园的称呼"沁园夫子""沁公""沁园先生"便什么都明白了。

即使我们认为齐白石在日记中对王闿运的称呼有些随意，但也恰恰说明，至少在1903年的时候，齐白石的内心深处并未留有尊王闿运为师的位置。

（二）1909年的称呼——王湘绮先生

在《寄园日记》中有一则无纪日日记，根据前后文可以推断，此则日记写于己酉（1909）年六月初一至六月廿二日之间，其中涉及对王闿运的称呼，录如下：

李莘夫刊印记：宣统己酉四月，余为天涯过客，应廉州太守莘夫先生篆刊。太守以团扇自书春寒诗报之，余喜之。复感平生自以草衣阅人多矣！能工诗工书者，遇王湘绮先生及王蜕园公、樊鲽翁、夏天畸、余去非、汪无无咎、李筠盦、曾子缉，独与李梅痴咫尺神交，未能相识……（图10）

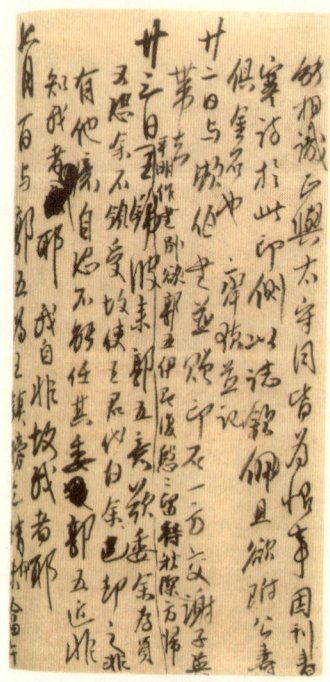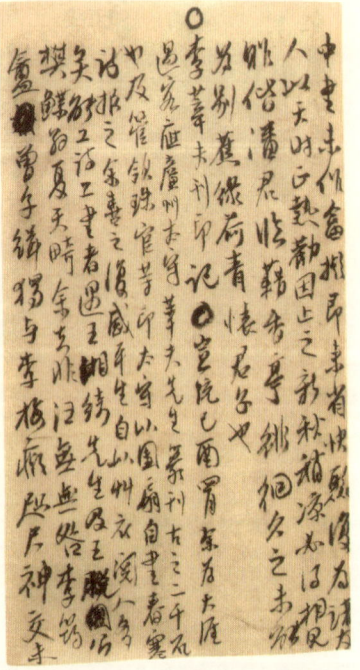

图10 齐白石 寄园日记 纸本 21cm×12.5cm 1909年 北京画院藏

虽曰日记，从内容看实属印记边款文字，宜视作公开文字阅读。在这篇记文里，齐白石提了九个工诗工书者的名字，王闿运虽排在第一位，与"王蜕园公"即王仲言、"樊鲽翁"即樊樊山属同一梯队。也就是说，把王湘绮排在第一位，并非以师事之，而是因为王闿运当时名声最响，年龄最大（王闿运长齐白石三十一岁），这从"王湘绮先生"的称呼便可见出。或许读者会说"先生"便是

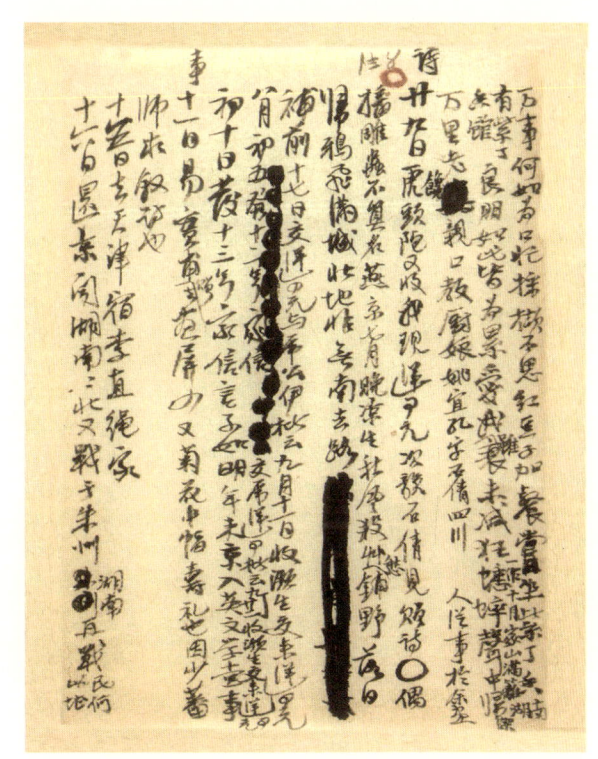

图11 齐白石 己未日记 纸本 22cm×15cm 1919年 北京画院藏

老师的意思，但这并不符合齐白石称呼的习惯，这还可以齐白石《己未日记》中称自己的诗文老师陈作埙为"少蕃师"为证：

（八月）十一日，易实甫赠去画屏四，又菊花中幅，寿礼也，因少蕃师求叙诗也。（图11）。

至此，我们可以明白，直到1909年，齐白石的内心深处仍没有把王闿运尊为老师。

（三）1920年的称呼——湘绮师

齐白石1920年的《庚申日记并杂作》，有四月廿二日的记载文字中涉及王闿运，录于下：

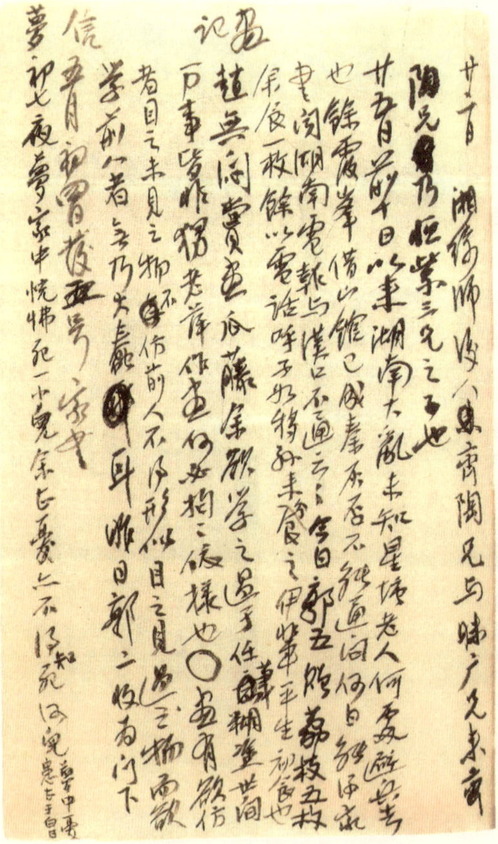
廿二日 湘绮师后人齐陶兄与昧广兄来
陶兄乃恒紫三兄之子也

图12 齐白石 庚申日记并杂作 纸本 22cm×15cm 1920年 北京画院藏

廿二日，湘绮师后人齐陶兄与昧庵兄来。齐陶兄乃恒紫三兄之子也。（图12）

这是笔者目前所见，齐白石第一次称王闿运为“湘绮师”，但此时，王闿运已去世四周年了。自此以后，凡手迹与口述均以“湘绮师”尊称，录1922年《壬戌纪事》、1924年册页题跋、1932年行书札、1933年行书手札为证：

余尝侍湘绮师，座有人求余画，言词甚恭，欣然应之，吾师曰：以三寸舌作润笔谢汝，何喜？非出钱不足为知己也，欧阳永叔某墓志文，有知己之恩。（图13）

三月春阴尺素忙（湘绮师曾招饮之书，经劫犹存，信有鬼神呵护），师恩一饮老难忘。协睽楼外花三丈（瞿子玖先生自言：长沙城中海棠之大无过吾楼外一株，高约三丈），银烛金尊对海棠。画海棠题诗，因感湘绮师往事。白石。（图14）

廉铭先生鉴：王湘绮师作齐白石山人传，其时白石年方四十，画名未远，故湘绮师作传专言篆刻，未曾言及白石之画。承代印白石画册，不必用湘绮师所作之传矣，与白石之画无关，用之乃画蛇添足也。白石画册之册首，请悲鸿先生之序足矣。齐白石揖，一月十九日。（图15）

齐白石与王闿运的师生关系新考 | 123

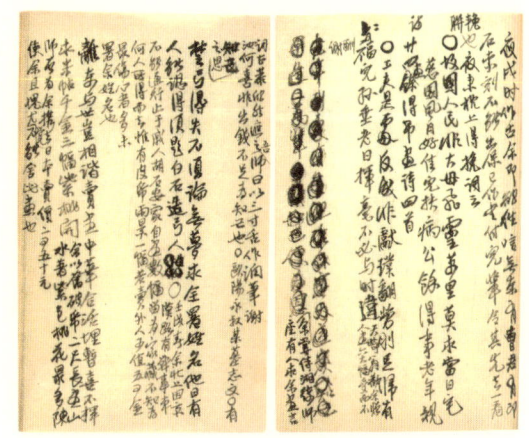

图13 齐白石 壬戌纪事 纸本 23cm×16cm 1921年 北京画院藏

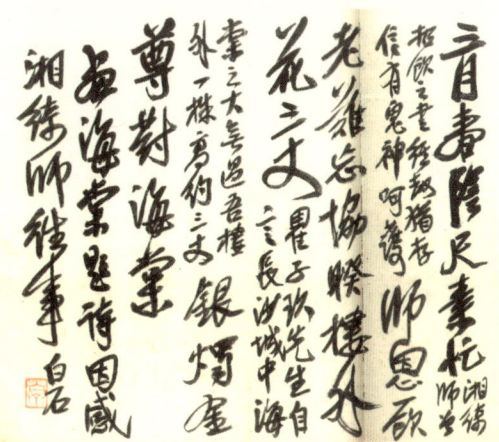

图14 齐白石 册页题跋 纸本 31cm×33cm 1924年 北京画院藏

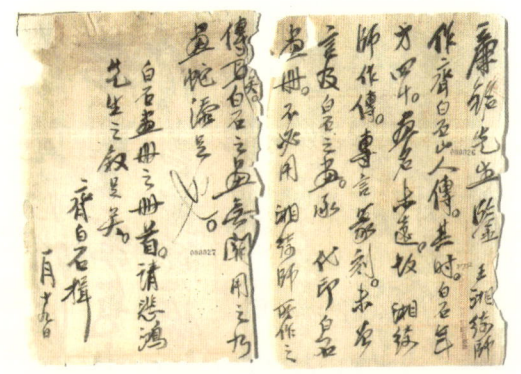

图15 齐白石 致廉铭先生信札 纸本 28cm×19cm×2 1932年 中华书局藏

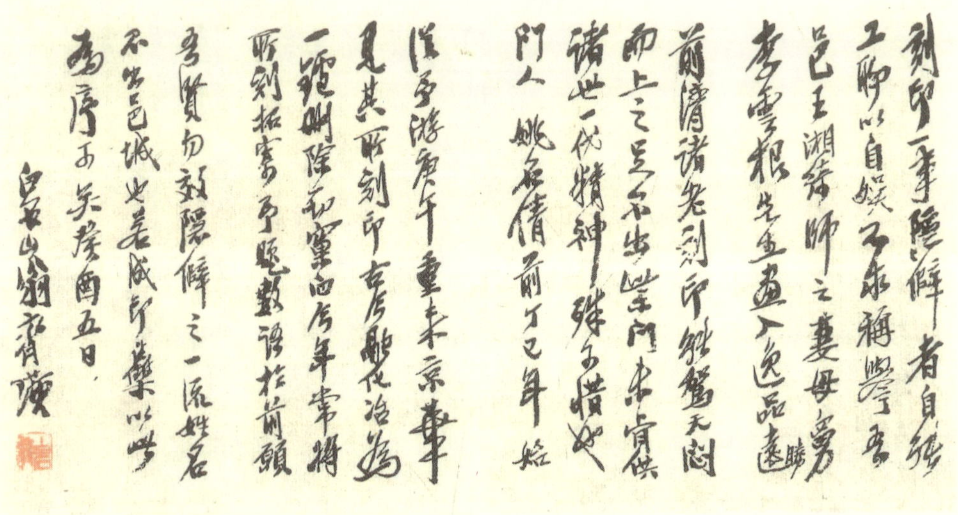

图16 齐白石 手札 纸本 尺寸不详 1933年 私人藏

  刻印一事，隐僻者自能工，聊以自娱不求称誉。吾邑王湘绮师之妻母舅李云根先生，画入逸品，远胜前清诸老，刻印能驾无闷而上文，足不出柴门，未肯供诸世，一代精神殊可惜也。门人姚石倩前丁巳年始从予游，庚午重来京华，见其所刻印，古今融化冶为一炉，删除一切窠臼，今年常将所刻拓寄予。题数语于前，愿吾贤勿效隐僻之一流，姓名不出邑城也。若成印集，以此为序可矣。癸酉五日，白石山翁齐璜。（图16）

  我们可以这样认为，根据齐白石对王闿运称呼的改变，可以洞悉出齐白石与王闿运的关系，在较长时间内处于一种纠结与尴尬。这种纠结与尴尬毫无疑问是齐、王两人在现实交往的一种呈现，但为什么会突然在王闿运逝世后，所有的纠结与尴尬得到了冰释，原因有三。

  其一，王闿运为齐白石的老师或已成为事实。

  我们虽然明确知道齐白石在1920年之前，并没有从内心深处完全认同王闿运为自己的老师，但为了宣传与交往的需要，还是使用了王闿运这块招牌。其中最具代表性、最具说服力的是两件史料——樊樊山的两份润格。（图17、18）

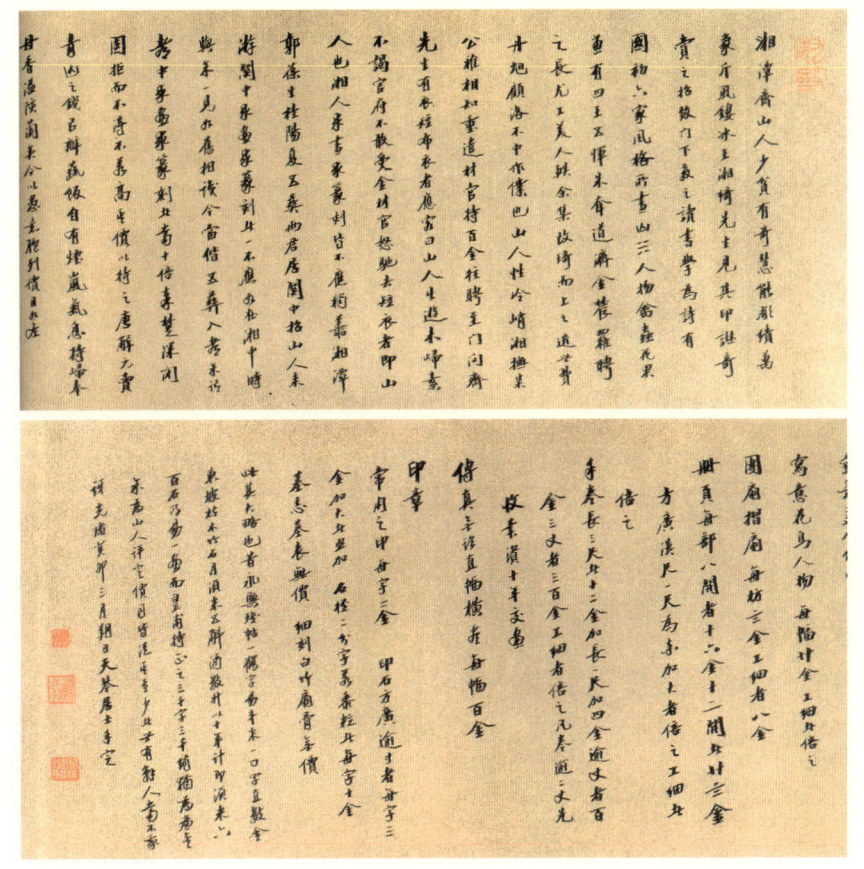

图17 樊樊山 白石草衣润格 手卷 纸本 32cm×135.5cm 1903年 北京画院藏

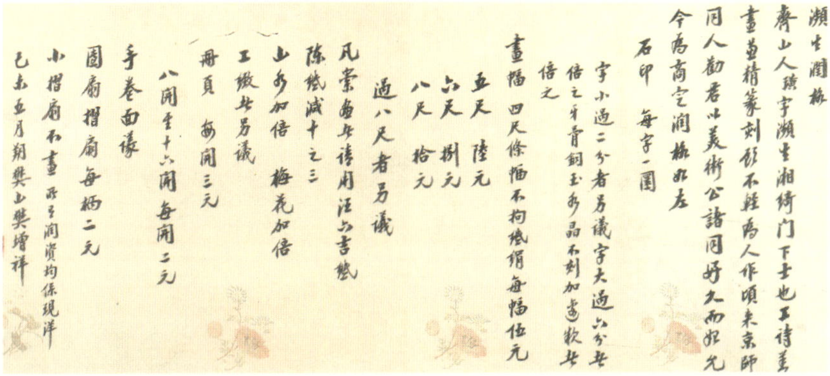

图18 樊樊山 濒生润格 手卷 纸本 25cm×61cm 1919年 北京画院藏

第一份润格写于癸卯三月朔日,即1903年夏历三月初一,开篇有"王湘绮先生见其印谱,奇赏之,招致门下,教之读书"字样。第二份润格写于己未五月朔,即1919年夏历五月初一,开篇有"齐山人璜,字濒生,湘绮门下士也。"

这两份润格所包含的"齐白石乃湘绮门下士也"的信息,是齐白石亲自陈述,还是夏午诒、郭葆生代为陈述,目前虽无史料考证,但齐白石是很稀罕这两份润格的,以至于多年以后口述《白石老人自传》时说:

我在桂林,卖画刻印为生。樊樊山在西安给我定的刻印润格,我借重他的大名,把润格挂了出去,生意居然很好。①

这充分说明,齐白石对于樊樊山润格上的"湘绮门下士也"的判断是并非异常反感的,但内心里肯定保持着如鱼饮水的冷暖自知。

齐白石还有一份润格,系吴昌硕所写,润格中有序文,录于下:

齐山人濒生为湘绮高弟子,吟诗多峭跋语。其书画墨韵孤秀磊落,兼善篆刻,得秦汉遗意,曩经樊山评定,而求者踵相接,更觉手挥不暇为。(图19)

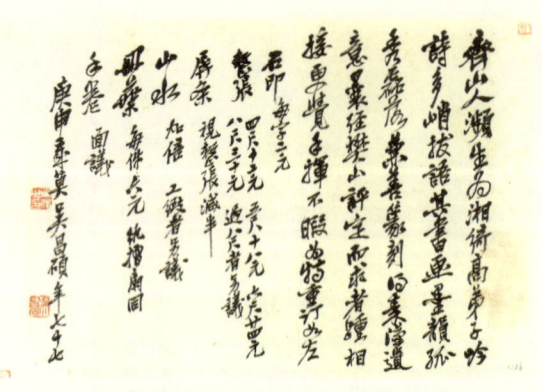

图19 吴昌硕 白石润格 未托裱 纸本
23cm×35.5cm 1920年 北京画院藏

这份润格的写作时间是"庚申岁暮",庚申是1920年。齐白石接到这份润格的时候已是辛酉年(1921)三月初二日,齐白石把这份润格全文抄录在《白石杂作》中(图20),可见齐白石视之若珍宝。这是到目前为

---

① 齐良迟主编,宗德路、齐展仪副主编《齐白石文集》,商务印书馆,2005年,第73页。

止，我们所能见到的在公开场合把齐、王关系表达得最清楚的历史文献——齐山人濒生为湘绮高弟子。但此时距齐白石私下里称"湘绮师"的1920年四月廿二日，将逾一年。我们可以这样解读：胡南湖请吴昌硕写润格时，提供了两个重要的信息——樊樊山为齐写过润格，齐为王闿运的高足。毫无疑问，这两个很"炸"的信息或是齐白石透露给胡南湖的，或是胡南湖对这两个信息也早已熟知，但在传递这个信息时肯定与齐白石作过相关的沟通与交流。这样可以直接证明齐白石是在1920年左右，完成了

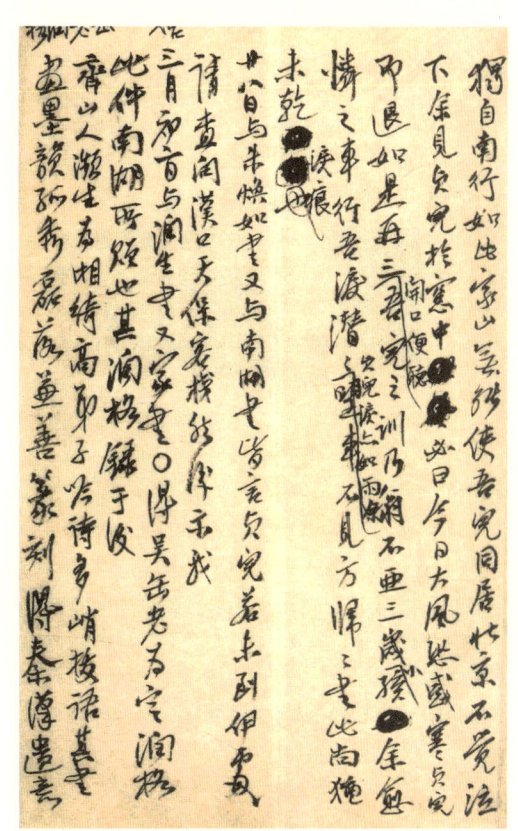

图20 齐白石 白石杂作 纸本 23cm×16cm 1921年 北京画院藏

对"湘绮师"的内心确认。这份确认当然烙上了"人情练达"的印痕。

其二，齐白石树立尊师的榜样。

截至1920年，姚石倩、朱悟园、张伯任、贺孔才等已聚于白石门下，漂泊半生的齐白石开启了收徒授业的模式，这种亲自授业的生活状态，毫无疑问让齐白石体会到了为人师的况味。读他后来所刻的两枚印章"知己有恩""私淑何人不昧恩"（图21、22），我们不难得出这样的结论：连"知己"与"私淑"都需感恩，而遑论弟子、门人之于师长呢？

其三，王闿运具备足够的影响力，据《湘绮楼日记》《湘绮楼诗文集》《湘绮府君年谱》所载，身处晚清民国的王闿运不仅是翰林院侍讲，且为清史馆馆长，其在经学、史学、诗学等方面建树尤丰，兼之先后主讲成都尊经书院、长

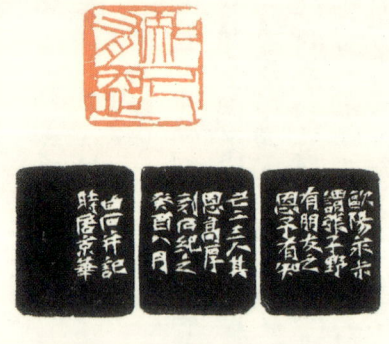

图21 齐白石 知己有恩（朱文）
篆刻 青田石 1933年 北京画院藏

图22 齐白石
私淑何人不昧恩 篆刻
青田石
3.4cm×3.4cm×3.9cm
无年款 北京画院藏

沙思贤讲舍、衡州船山书院、南昌高等学堂，可谓桃李遍天下，其影响力不言而喻。

说得再具体一点，齐白石在时间阶段内比较崇拜的赵之谦、谭溥、李瑞清、尹和白都与王闿运有交集。赵之谦为王闿运刻过印，谭溥请王闿运做过序，李瑞清与王闿运有频繁的诗歌唱和，尹和白为王闿运画过梅花。另，与齐白石交往时名头已经很大的樊樊山、易实甫、陈散原等，与王闿运亦有书信、诗歌往来。又，对齐白石帮助较大、年龄相仿的郭葆生、夏午诒、朱德裳、杨度、杨钧等均不等程度受过王闿运的教诲与点拨。

其四，表明了齐白石志向更坚定。

齐白石虽然从小热爱绘画，但真正立定志向要成为一位画家，有史可征的是在1919年前后，录《己未日记》一则证例：

余作画数十年，未称己意，从此决定大变，不欲人知。即饿死京华，公等勿怜，乃余或可自问快心时也。（图23）

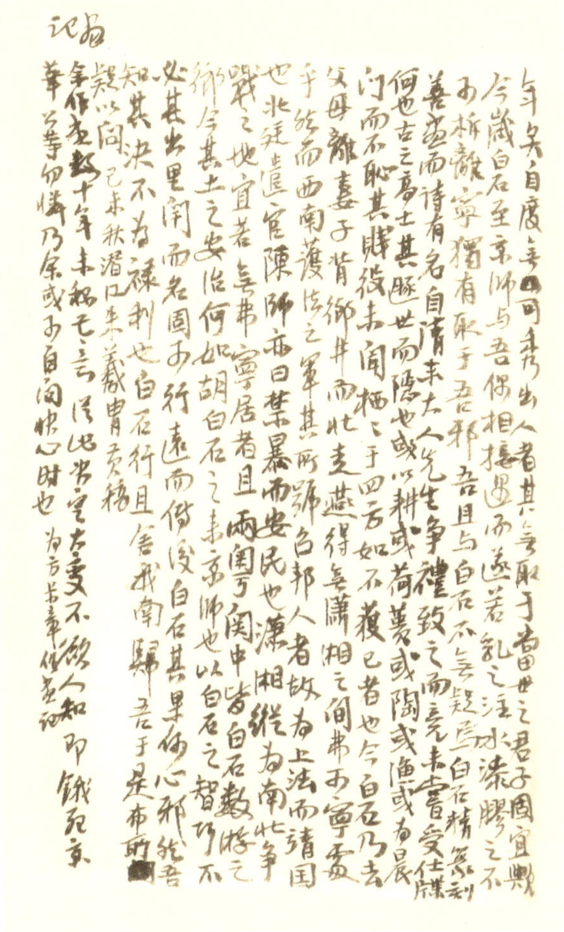

图23 齐白石 己未日记 纸本　22cm×15cm　1919年　北京画院藏

从这段话我们可以明确感受到，对人生方向与人生归宿的勾勒，齐白石是何等坚定与决绝。宏愿既立，当然会对自己的过往进行回顾与反思，会对一些与艺术人生本质无关的枝枝叶叶作删繁就简的处理，同时，也会对自己做一个重新的规划与构建。如此，所有的纠结与尴尬都会云淡风轻，冰消云散。一言以蔽之；此时的齐白石高度自信，原来认为"攀高枝"的自卑情结渐渐解冻，相信自己的勤奋与才华能为王门增光添彩。

三、从王闿运一方看齐、王的日常交往

王闿运与齐白石的交往，主要体现在三个方面。其一，日记记载；其二，王闿运为齐白石所作序跋等文字；其三，王闿运与齐白石书信、书法作品。

（一）《湘绮楼日记》中记载的齐、王交往

据不完全统计，《湘绮楼日记》中记载齐、王交往的信息至少有17则。（表1）

表1《湘绮楼日记》所载齐、王交往信息

时间	称呼	内容	页码
1899年光绪二十五年正月廿日	齐木匠	廿日，阴晴……本约巳集郭祠，至午未来请……看齐木匠刻印，又一寄禅，张先生也。	2159页
1899年光绪二十五年十月十八日	齐璜	十八日，晴。休假一日。齐璜拜门，以文诗为贽，文尚成章，诗则似薛蟠体。	2249页
1899年光绪二十五年十月十九日	齐生	十九日，晴，齐生告去，送之大码头。	2249页
1911年宣统三年二月十三日	齐濒生	十三日，晨晴午雨。方起盥頮，尹和白、田静、杨都司均在庭房侯见，已头晕矣。朝食后谭祖同、齐濒生来。	3101页
1911年宣统三年二月廿六日	齐濒生	廿六日，晴。始出盥頮，内外宾客已满坐，未朝食。齐濒生来求文。	3103页
1911年宣统三年三月五日	齐山人	五日，雨。谭教员来，齐山人、王心培俱来。	3105页
1911年宣统三年三月九日	齐木匠	九日，阴。当招齐木匠一饭，因令陪军大	3106页
1911年宣统三年三月十日	齐	十日，晴。午初过子玖，同请金、谭、齐看樱花、海棠。	3106页
1911年宣统三年四月四日	齐木匠	四日，晨见日……作齐木匠祖母墓志。	3111页
1911年宣统三年四月六日	齐	六日，雨寒。抄挽联，作齐志	3112页
1911年宣统三年十二月九日	齐濒生	九日，晴……齐濒生来。	3157页
1911年宣统三年十二月十一日	濒生	十一日，阴。出访濒生。	3157页
1911年宣统三年十二月十三日	齐濒生	十三日，阴……齐白石与陈甥同来。	3158页

1911年宣统三年十二月十五日	齐濒生	十五日，晴。朝食后将出……与书齐濒生约其来饭	3158页
1811年宣统三年十二月十六日	濒生	十六日，阴。遣人请唐春海及濒生，云濒生已还乡矣。	3158页
1911年宣统三年十二月廿三日	齐濒生	廿三日，晴。作年糕。张、周两生、蔡端偰、齐濒生、陈兰征来，俱在客坐。	3159页

虽均为简略的记录。但其中透露的信息能够帮助我们更深入地了解齐、王之间的交往方式。一般情况下，是齐白石主动拜访王闿运，或求书，或求文。当然在这17则日记中，也有王闿运主动出访齐白石的记录，还有王闿运写信托人转请齐白石的例子。

尤为重要的是，我们可以通过王闿运对齐白石的称呼来判断王对齐的态度：齐濒生、齐生、齐木匠、濒生、齐山人、齐、齐滨生、齐璜。17则日记，称呼竟有8个，在这频繁的称呼更换里，我们不难读出王闿运性格中的率意与随心，但也同样读出王闿运对齐白石的态度一直处在游移中。其中，让齐白石最不满意的称呼应该是"齐木匠"。理由有二：

其一，木匠虽是齐白石的出身，而且木匠生涯为齐白石后来的艺术带来了源源不断的灵感和经验，齐白石也刻有"木匠大门""鲁班门下""木居士""老木""木人"等大家耳熟能详的印章（图24），但这种自称里分明是一种自嘲、自谦、不忘初心，还或多或少带有一份明显的自负。若是他人称呼，不能排除齐

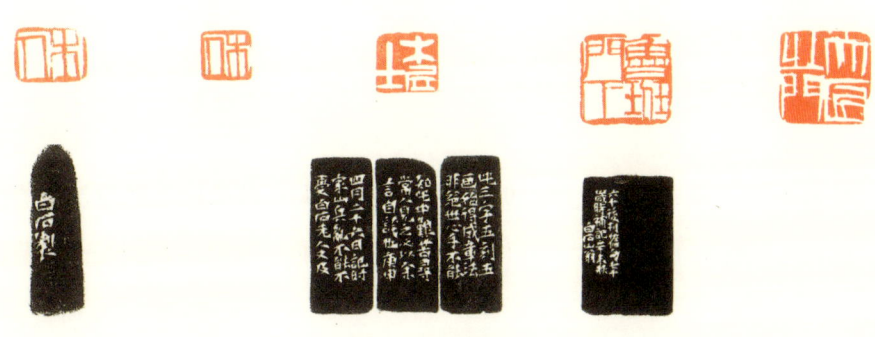

图24 齐白石篆刻5方

白石能听出其中的轻视与不屑，而产生强烈的反感。这并非揣度，我们来看《白石老人自传》中的一段话便会会心一笑：

  光绪二十年（甲午·一八九四），我三十二岁……只有一个叫张登寿、号叫仲飏的，是我新认识的。这位张仲飏，出身跟我一样寒微，年轻时学过铁匠，也因自己发愤用功，读书读得很有一点成就，拜了我们湘潭的大名士王湘绮先生做老师。经学根底很深，诗也做得非常工稳。乡里的一批势利鬼，背地里仍有叫他张铁匠的。这和他们在我改行以后，依旧叫我芝木匠是一样轻视的意思。①

  熟悉齐白石艺术生平的人都知道，"木匠""乡下农民"这两顶帽子伴随了齐白石的一生，当正面宣扬时，或多或少有些励志的色彩；而反面攻击时，又或多或少带有出身微贱、不学无术的揶揄成分。

  其二，截至1911年，齐白石不做木匠已多年，而且在诗书画印领域里深耕细作，并期望以"诗人""画家"的身份行走于天地之间，"齐木匠"多少有点扰乱视听的味道。这从1903年的《癸卯日记》中我们便可清晰地看到齐白石的诉求：

  （五月）廿五日，临大涤子画。为午诒篆"无愁"二字印。午诒属凡印款刊篆，书"白石先生"四字。余曰："以先生自称，施之于人觉自愧"午诒吁曰："以先生才艺骨节，倘束发读书，与渊明何异？后千万年不愧自称五柳先生，今五百年后不愧自称白石先生也"。余闻汗面，故纪之于日记，老当自加琢磨，方不负良友之誉有益我也。（图25）

  日记虽然是借夏午诒之口，但希望能获得别人尊敬的愿望恐怕是按捺已久了。如果我们再往深里究竟，齐白石不愿与生人见面、交往，看似是一种清高孤

---

① 齐良迟主编，宗德路、齐展仪副主编《齐白石文集》，商务印书馆，2005年，第52—53页。

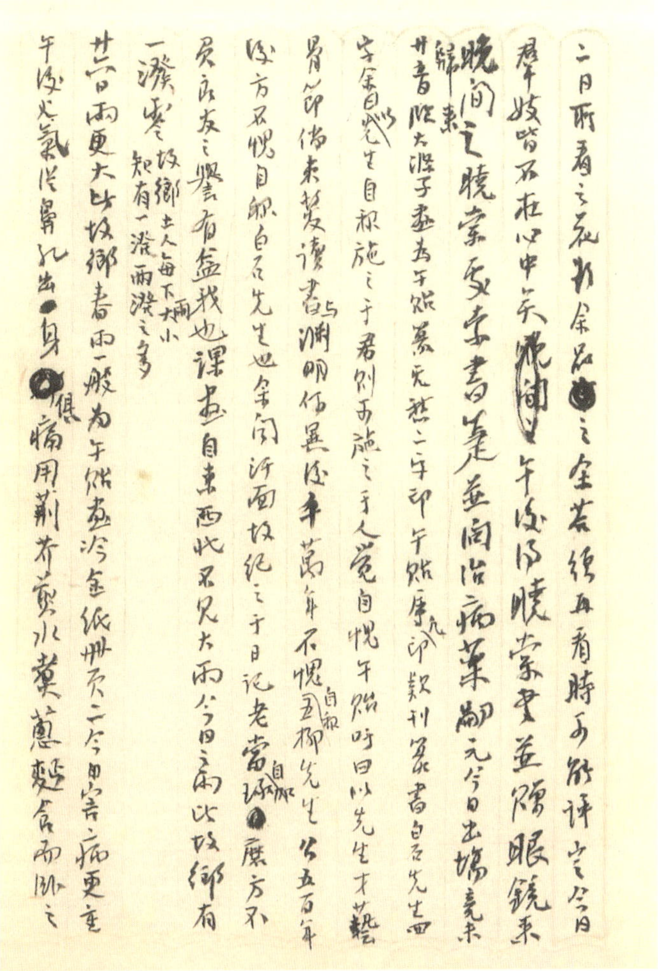

图25 齐白石　癸卯日记　纸本　16.5cm×11cm　1903年　北京画院藏

傲，实则是与之相对应的自卑与敏感发酵所致。

（二）从王闿运为齐白石所作序跋看齐、王之间的交往

王闿运为齐白石所作序跋文字，一共有5件，按时间顺序依次为《白石草衣金石刻画》《齐璜祖母马孺人墓志5》《寄萍堂横幅及跋文》《借山馆题诗》《齐山人传》。

1.为《白石草衣金石刻画》作序（图26）

甲辰七夕，即1894年阴历七月初七日，王闿运为齐白石作《白石草衣金石刻

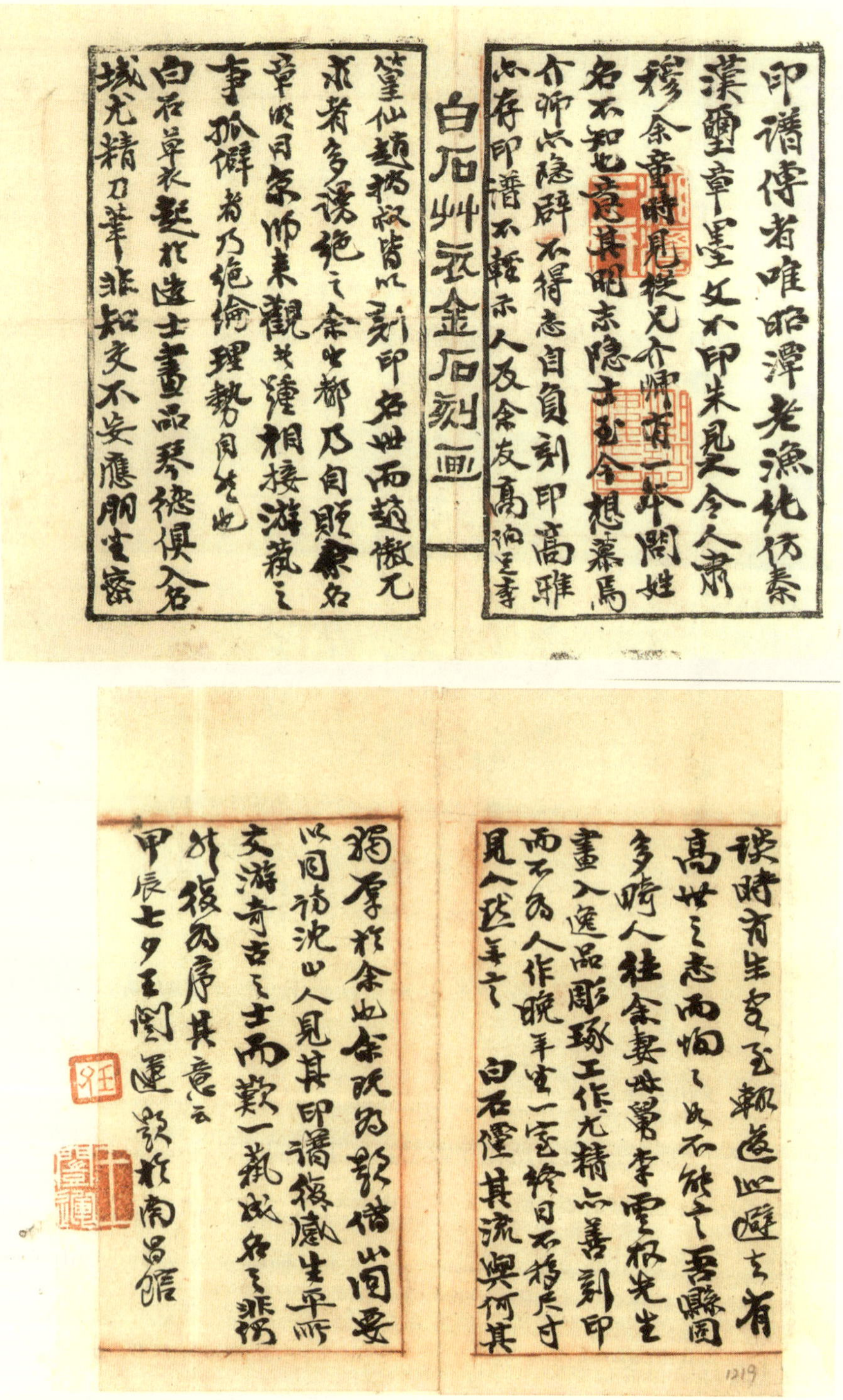

图26 王闿运 白石草衣金石刻画序文 纸本 19.5cm×25cm×2 1904年 北京画院藏

画》序文：

　　印谱传者唯昭潭老渔，纯仿秦汉玺章，墨文不印朱，见之令人肃穆。余童时见从兄介卿有一本，问姓名，不知也。意其明末隐士，至今想慕焉。介卿亦隐辟不得志，自负刻印高雅，亦存印谱，不轻示人。及余友高伯足、李篁仙、赵㧑叔皆以刻印名世，而赵傲兀，求者多谩绝之。余出都，乃赠余名章，明日京师来观者踵相接。游艺之事，孤僻者乃绝伦，理势自然也。

　　白石草衣起于造士，画品琴德俱入名城，尤精刀笔。非知交不妄应，朋座密谈时有生客至，辄逡巡避去，有高世之志而恂恂如不能言。吾县固多畸人，往余妻母舅李云根先生，画入逸品，雕琢工作尤精，亦善刻印，而不为人作。晚年坐一室，终日不够尺寸，见人默无言。

　　白石倘其流与，何其独厚于余也，余既为题《借山图》，要以同访沈山人，见其印谱，复感生平所交游奇古之士，而叹一艺成名之非偶然，复为序其意云。甲辰七夕王闿运题于南昌馆。

　　这篇不足450字的序文，若从文章角度评价，委实是一篇佳文；首段细数自己孰知印友，得出"游艺之事，孤僻者乃绝伦"的结论；第二段写齐白石"有生客至，辄逡巡避去""有高世之志"，与上文呼应，给人以"齐白石乃孤僻者，其金石刻画自然绝伦"的联想；第三段阐明写作由头，乃"要以同访沈山人，见其印谱"遂感"生平所交游奇古之士"，而叹"一艺成名之非偶然"，便欣然作序。

　　但如果从另外一个角度来看，又似乎有些顾左右而言他的大而不当：文章既无只字涉及齐白石印学渊源，又无只字谈论齐白石篆刻高下，给人不禁产生虚无缥缈的敷衍之感。为何如此行文，笔者揣度原因有二：其一，王闿运在诗文方面洵为高手，但毕竟不治印，对篆刻之道有疏离感，自然无法深入。其二，齐白石1904年七夕以前的篆刻水平，并没有让王闿运眼睛为之一亮的感觉，不愿意违心地说些赞美之语，故只能以"画品琴德俱入名城，尤精刀笔"之语含糊其词。

最为重要的是，从这篇序文里，我们读不出半点王闿运认同齐白石是弟子的意思，从"白石倘其流与，何其独厚于余也"笔者只能琢磨出王、齐是熟人或忘年交的味道。

2.题《借山馆图》

从《白石草衣金石刻画》序文可知，王闿运先为齐白石题了《借山馆图》，录如下：

无数青山，恨无处，看我松棚茅舍，租界新约千年，吾庐正堪借。行且往，三分水竹，恰安顿一囊诗画。梅熟东邻，泉分西涧，应给莲社。是谁对，豚栅鸡栖，共料理？生涯问时价。袖手塘头吟眺，看秋花春嫁，宽寂地，奇人惯有，待共寻，沈叟闲话。（吾邻有沈山人，博学能诗，七十余老农）一笑五柳先生，折腰才罢。

濒生仁弟属题《借山馆图》，为谱《琵琶仙》词一曲。即送还隐。甲辰七夕，闿运（图27）。

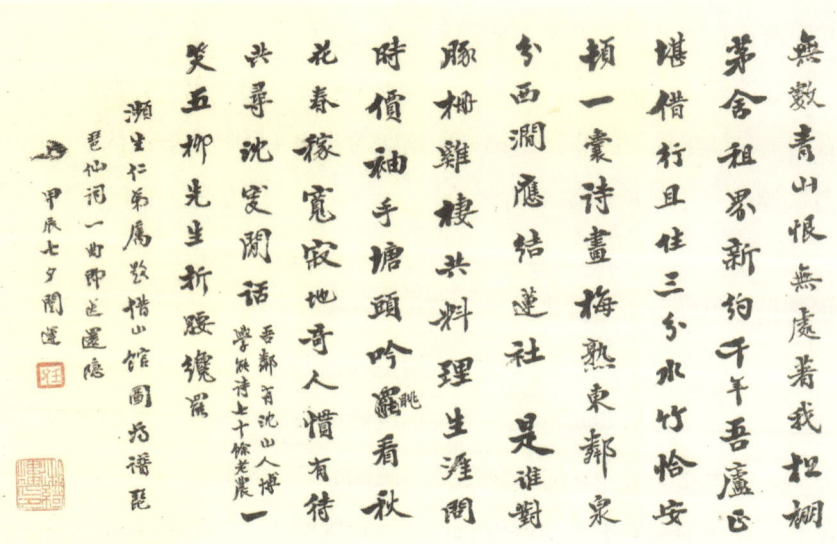

图27 王闿运 题借山馆图 纸本 29.5cm×48cm 1904年 北京画院藏

令人疑窦顿生的是，在这阙百字令的词中，除却"恰安顿一囊诗画"七字外，竟读不出与画有半丝联系的意味。若不是款识中的说明文字，相信读者会认为这是一阙赞颂"沈叟"的词。赞颂沈叟"一笑五柳先生，折腰才罢"的通透与隐逸。如果我们愿意牵强附会的话，也纵多是王闿运对"博学能诗"的沈叟不待"折腰"早就五柳先生的一种激赏，而邀齐白石同访，意在齐白石与沈叟气质相合，不妨以沈叟为则，遁居乡野。

如果我们还要展开类比联想的话，那就是词牌《琵琶仙》所透露的信息，《琵琶仙》为宋代词人姜白石描写恋情的自度曲。莫非暗示齐白石对绘画有一种超乎寻常的热爱而已？

当然，从这首词中，我们也看不出王闿运认同齐白石为弟子的信息，落款中的"濒生仁弟"，可以理解成一种谦称，因王闿运长齐白石31岁，可谓两辈人。

3.命弟子陈毓华撰《齐山人传》。（图28）

严格说来，《齐山人传》并不能算作王闿运为齐白石所作文字，但因撰并书

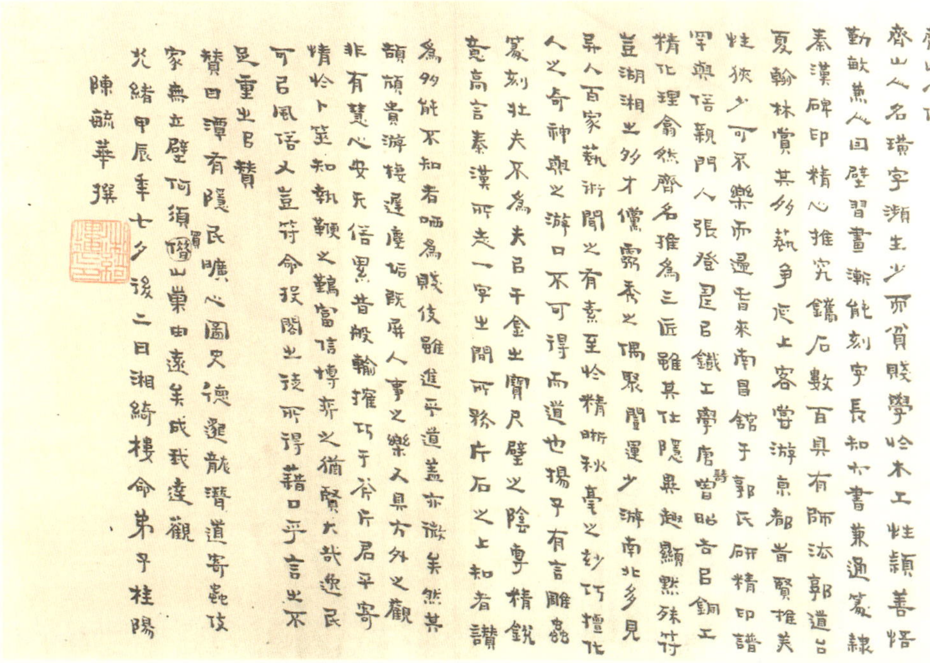

图28 王闿运命陈毓华撰 齐山人传 纸本 29.5cm×48cm 1904年 北京画院藏

者陈毓华款识中有"湘绮楼命弟子桂阳陈毓华撰"字样,并钤有"湘绮楼印"朱文印鉴,可视作陈毓华代笔经王闿运认可之作。录于下:

齐山人传,齐山人名璜,字濒生。少而贫贱,学于木工,性颖善悟,勤敏兼人,因壁习画,兼能刻字,长知六书,兼通篆隶秦汉碑印,精心推究,镌石数百,具有师法。郭道台、夏翰林赏其多艺,争延上客。尝游京都,时贤推美,性侠少可,不乐而归。

时来南昌,馆于郭氏,研精印谱,罕与俗亲。门人张登寿以铁工学唐诗,曾昭吉以铜工精化理,翕然齐名,推为三匠。虽其仕隐异趣,显没殊符,岂湖湘之多才,倘灵秀之偶聚?

闿运少游南北,多见异人,百家艺术,闻之有素。至于精晰秋毫之妙,巧擅化人之奇,神与之游,口不可得而道也。

扬子有言:雕虫篆刻,壮夫不为。夫以千金之宝,尺璧之阴,专精锐意,高言秦汉,所志一字之间,所务片石之上,知者赞为多能,不知者哂为贱伎。虽进乎道,盖亦微矣!然其颉颃贵游,栖迟尘垢,既屏人事之乐,又具方外之观,非有慧心,安无俗累?昔般输推巧于斧金,君平寄情于卜筮,知执鞭之难富,信博弈之犹贤。大哉逸民,可以风俗,又岂符命投阁之徒所得借口乎?言之不足,重之以赞。

赞曰:潭有隐民,旷心图史;德邈龙潜,道寄虫伎。家无立璧,何须买山?巢由远矣,成我达观。

光绪甲辰年七夕后二日,湘绮楼命弟子桂阳陈毓华撰。

这是一份非常珍贵的文献,透露了两个最为重要的信息:一是"王门三匠"的故实出自此传,二是此传中明确告诉了我们,齐白石游江西南昌时住在郭葆生处。

把《齐山人传》与《白石草衣金石刻画序》相比较,我们会发现,传比序更为翔实;不仅写了齐白石少贫贱而颖悟勤敏,还交代了齐白石的木匠出身,并点出了齐白石书画印均潜心研究。但从"虽进乎道，盖亦微矣！"之语，亦可捕捉到王闿运重经史而轻雕虫篆刻的倾向。

从这篇《齐山人传》我们可以知道，这是第一次见到王闿运认同齐白石是门人弟子的白纸黑字，但语气非常含糊，选用了"翕然齐名，推为三匠"八字来表达，我们仿佛可以见到王闿运当时的矜持、谨慎、犹豫，这至少说明了齐白石极有可能没有持束脩而行正式的拜师礼，或者说明了王闿运对齐白石是否如师对待自己并无十足的把握，也还有可能是王闿运认为齐白石只是一个准学生。总而言之，这是这篇传记命弟子陈毓华代笔的原因之一。当然，既然是原因之一，那就还有其他原因——当时王闿运已是七十三岁高龄，已于七夕之日为齐白石写了《白石草衣金石刻画》序文，还为《借山馆图》题了一首百字令。体力上的不支持恐怕也是实际情况。

4.齐璜祖母马孺人墓志铭（图29）

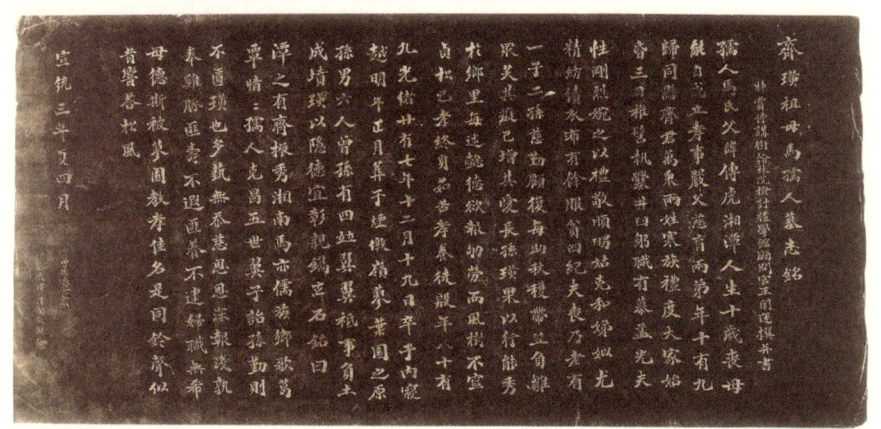

图29 王闿运撰书、齐白石镌刻 齐璜祖母马孺人墓志铭拓片 纸本 37cm×67cm 1911年 北京画院藏

齐璜祖母马孺人墓志铭，系王闿运撰并书，时间是宣统三年（1911）四月，四月四日开始构思，四月七时完成。《湘绮楼日记》载：

四日，晨见日……作齐木匠祖母墓志，七日，阴雨，仍寒……作齐志成。

墓志写成后，齐白石亲自镌刻于石，这是目前我们能够见到有史可征、字数最多的齐白石碑刻作品。全文录于下：

齐璜祖母马孺人墓志铭，特赏侍讲衔翰林院检讨礼学馆顾问官王闿运撰并书。

孺人马氏，父讳传虎，湘潭人。生十岁丧母，能自成立。孝事严父，慈育两弟。年十有九归同县齐君万秉，两姓寒族，礼良大家，始昏三日，椎髻执爨，井臼躬职，有慕孟先。夫性刚烈，婉之以礼，敬顺舅姑，克和弟姒，尤精纺绩，衣布有余，服贫四纪，夫丧乃老。有一子二孙，慈勤顾复，每助秋获，带笠负雏，众笑其痴，已增其爱。长孙璜果以行能秀于乡里。每述懿德，欲报劬劳，而风树不宁，贞松已老，光绪廿有七年十二月十九日，卒于内寝。越明年正月，葬于烟墩岭蓼叶园之原。孙男六人，曾孙有四，并翼翼祗事，负土成坟。璜以陷德宜彰，亲镌立石，铭曰：潭之有齐，振季湘南；马亦儒族，乡歌葛覃；音音孺人，克昌五世；翼子诒孙，勤则不匮；璜也多艺，无天愁慈恩；恩深报浅，孰奉鸡猪；匪寿不遐，匪养不逮；妇职无希，母德斯被；蓼园教孝，佳名是同；铃声似昔，响答松风。宣统三年夏四月。

此墓志并未录入《湘绮楼诗文集》，盖因马孺人地位不显，名望不彰；当然也有套话行文，不值选入文集的原因在；还可见出齐白石在王的心目中更非是引以自豪的学生。铭中涉及齐白石有三处：一曰"果以行能秀于乡里"；一曰"亲镌立石"；一曰"璜也多艺"。皆不脱套话嫌疑，评价并不高拔，足可见出王闿运对齐白石并不青眼，或者说齐白石诗书画印的才能与光芒并未让王闿运深以为然。当然，此铭书写之工整，行文之稳平，亦足可见出王闿运的风骨与端肃。

齐白石对这份墓志是非常珍爱的。一是拿给谭泽闿看过，并留下了"茶陵谭泽闿敬观"墨迹。二是把墓志放在显眼处：

……进了院落，东屋三间是客厅，一条红漆的长七八尺的画案，四把像中山公园茶座上摆着的藤椅。二张方桌上，放着一张“特赏侍讲衔翰林院检讨礼学馆顾问王闿运撰并书齐璜祖母马孺人墓志铭”，南墙上悬着王湘绮先生遗像……[1]

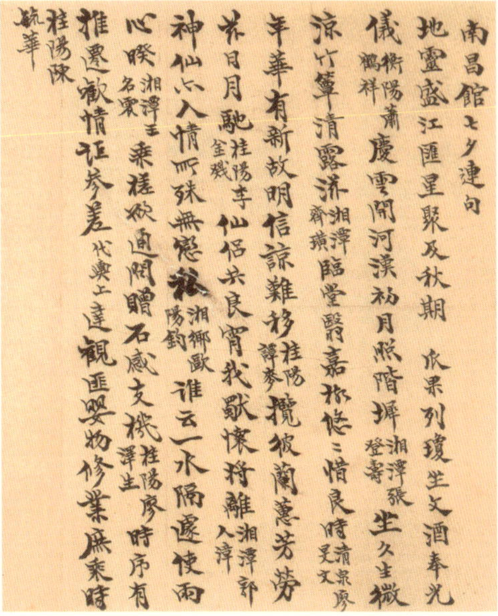
南昌館七夕連句
地靈盛江匯星聚及秋期 瓜果列瓊坐文酒奉光儀 衡陽蕭鶴祥
慶雲開河漢初月照階墀 湘潭張登壽
坐久生微涼竹簟清露滋 湘潭齊璜
臨堂翳嘉樹悠悠惜良時 清泉廖昱文
年華有新故明信諒難移 桂陽譚麦
攬彼蘭蕙芳勞茲日月馳 桂陽李金戣
仙侶共良宵我獨懷將離 湘潭郭人漳
神仙亦人情所殊無戀私 湘鄉歐陽鈞
誰云一水隔遽使兩心睽 湘潭王名震
乘槎欲通問贈石感支機 桂陽廖澤生
時序有推遷歡情詎參差 代輿上達
觀匪嬰物修業庶乘時 桂陽陳毓華

图30 王闿运　南昌馆七夕连句　纸本 28.8cm×32.5cm　1904年　北京画院藏

5.南昌馆七夕连句。（图30）

《南昌馆七夕连句》，现藏北京画院，内容于下：

南昌馆七夕连句。

地灵盛江汇，星聚及秋期。瓜果列琼坐，文洒奉光仪（衡阳萧鹤祥）。

庆云开河汉，初月照阶墀（湘潭张登寿）。

坐久生微凉，竹簟清露滋（湘潭齐璜）。

临堂翳嘉树，悠悠惜良时（清泉廖昱文）

年华有新故，明信谅难移（桂阳谭麦）

仙侣共良宵，我独怀将离（湘潭郭人漳）

揽彼兰蕙芳，劳兹明驰（桂阳李金戣）

神仙亦人情，所殊无恋私（湘乡欧阳钧）

谁云一水隔，遽使两心睽（湘潭王名震）。

乘槎欲通问，赠石感支机（桂阳廖泽生）。

时序有推迁，欢情讵参差（代舆上）。

达观匪婴物，修业庶乘时（桂阳陈毓华）。

---

a　奇洁《王闿运与齐白石的师生交谊》载《齐白石师友六记》，北京画院编，广西师范大学出版社，2020年，第72页。

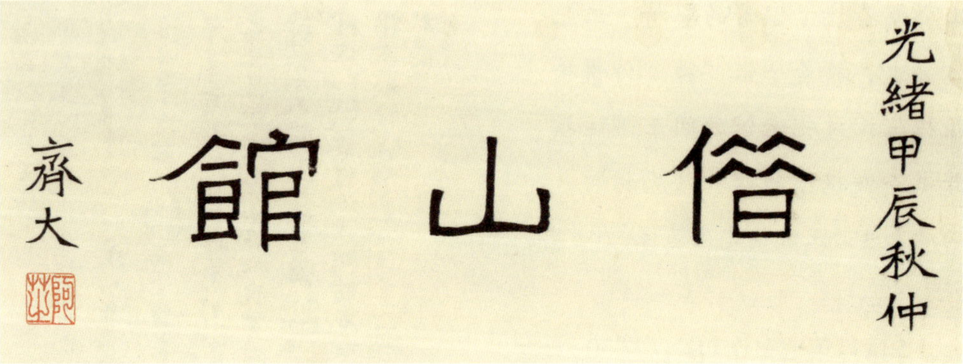

图31 齐白石 借山馆 横幅 纸本 32.5cm×89cm 1904年 北京画院藏

由于甲辰（1904）五月十一日至年底的日记，在《湘绮楼日记》中缺无，我们在看到这份《南昌馆七夕联句》之前，只在《白石老人自传》中阅读过相关信息，传递给我们的是"都没联上"，而且因为联句失败，齐白石才把"借山吟馆"易为"借山馆"（图31）。

看来，不是齐白石记忆失据，便是在刻意淡化一些内幕。严格地说，这份连句才是事实的真相，原因有二：张登寿、陈毓华、郭葆生在场，这与《齐山人传》《白石老人自传》中的信息高度吻合；二是王闿运的出句与《白石老人自传》中只有同音字"盛""胜"一字之差。

实际上，齐白石的连句很成功，平仄既妥，韵又合辙（平水韵上平四支韵），且颇有意境。那么，为什么齐白石要把"借山吟馆"易为"借山馆"的原因归结为连句失败呢？原因当然是齐白石认为王闿运瞧不起自己的诗，而且上文已提到的王闿运题的百字令中的落款分明是"题借山馆图"，也就是说，王闿运帮齐白石去掉了"吟"字。这样，我们就会豁然开朗：齐白石的张冠李戴是别有深意的。

6.寄萍堂横幅及题跋。（图32》

宣统三年立春日，即1911年阴历十二月十八日，王闿运为齐白石书寄萍堂横幅，并有长文跋于后，录于下：

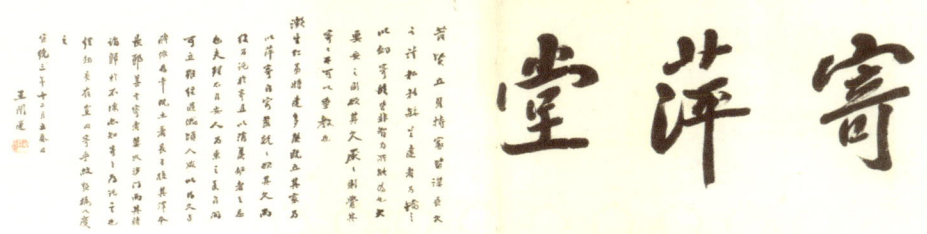

图32 王闿运 寄萍堂 横幅 纸本 45.5cm×176cm 1911年 北京画院藏

昔贤立身持家,皆谋长久之计,私利繁生,达者乃矫之以幻寄,然皆非智力所能为也。大要安之则欲其久,厌厌则觉其寄,寄不可以垂教也。濒生仁弟特达多能,既立其家,乃以萍寄自寓。盖兢兢欲其久,而复乃托于寄,且以消羡妒者之忌也。夫理不自安,人乃乘之,绵自问可立,虽经过俄顷,人咸以得久与瞻依为幸。既土著长子孙,其泽本长邪。善言寄者,莫如沙门,而其精诣归于不坏,亦知寄之为托言也。经劫长存,岂同寄乎。故题匾以广之。宣统三年十二月立春日,王闿运。(钤白文印:八十以后所作)。

对于这幅横幅,齐白石应该是非常看重的。《白石老人自传》有云:

民国十二年(癸亥·一九二三),我六十一岁……中秋节后,我从三道栅栏迁至太平桥高岔拉一号,在辟才胡同西口迤南,沟沿的东边(次溪按:高岔拉现称高华里,沟沿早已填平,现称赵登禹路)。搬进去后,我把早先湘绮师给我写的"寄萍堂"横额,挂在屋内。[①]

(三)从两封信札看齐王的交往

王闿运写给齐白石的信札,目前能见到的只有两封,均藏于北京画院。第一

[①] 齐良迟主编,宗德路、齐展仪副主编《齐白石文集》,商务印书馆,2005年,第98页。

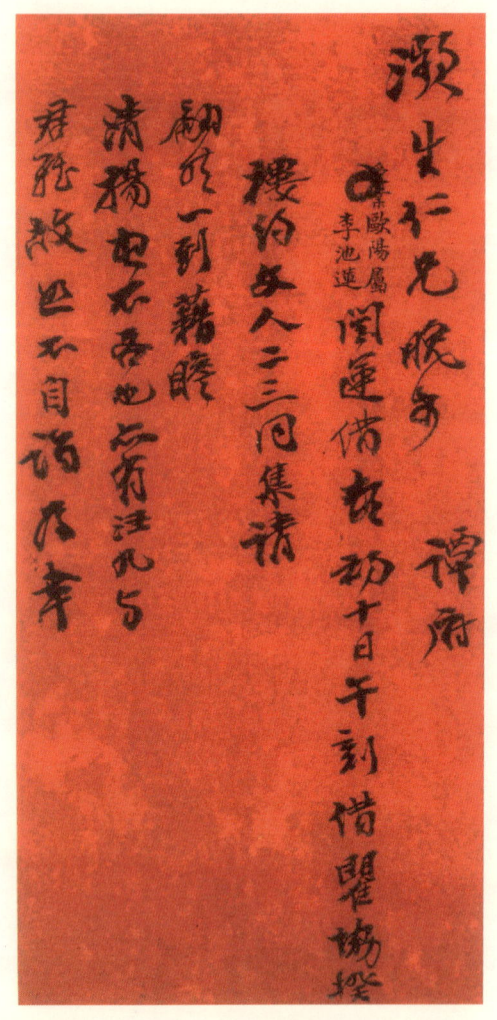

图33 王闿运 致齐白石信札 纸本 19cm×9cm 1911年 北京画院藏

封原文：

濒生仁兄晚安，谭府（欧阳属李池莲）闿运备顿初十日午刻，借瞿协揆楼约文人二三同集，请翩然一到，藉瞻清扬，想不吝也。亦有汪九与君雅故，恕不自诣为幸。（图33）

此信虽未署日期，但可推断写于1911年农历三月初九或初十。理由有二：

其一，《白石老人自传》可以印证：

宣统三年（辛亥·一九一一），我四十九岁……清明后二日，湘绮师借瞿子玖家里的超览楼，招集友人饮宴，看樱花、海棠。写信给我说："借瞿协揆楼，约文人二三同集，请翩然一到！"我接信后就去了。到的人，除了瞿氏父子，尚有嘉兴人金甸臣，茶陵人谭祖同等。瞿子玖名鸿机，当过协办大学士、军机大臣。他的小儿子宣颖，号兑之，也是湘绮师的门生，那时还不到二十岁，瞿子玖做了一首樱花歌七古，湘绮师做了四首七律……[①]

[①] 齐良迟.齐白石文集[M].北京：商务印书馆，2005：83。

其二，《湘绮楼日记》1911年两则日记可以印证：

（三月）九日，阴。当招齐木匠一饭，因令陪军大，兼约金、谭、吴、皆开缺人也。吴辞不至，更约余、汪、皆已下乡……

（三月）十日，晴。午初过子玖，同请金、谭、齐看樱花、海棠。子玖作樱花歌，波澜壮阔，颇有湘绮笔仗。余不敢和，以四律了之。坐客皆和，犹未尽见。谈宴一日始散。又雨。①

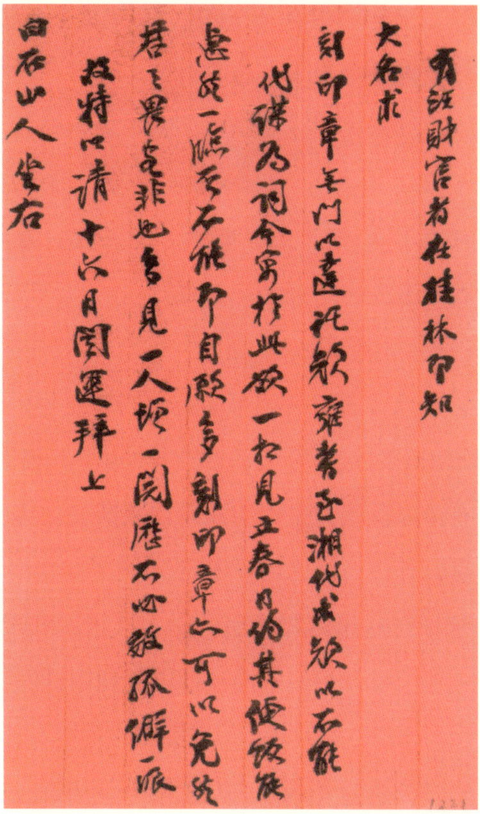

第二封信原文：

有汪财官者在桂林即知大名，求刻印章，无门以达，托颜雍耆至湘代求，颜以不能代谋为词。今寓于此，欲一相见，立春日约其便饭，能惠然一临否？不能，即自愿多刻印章亦可以免。然君子畏客，非也，多见一人增一阅历，不必效孤僻一派，故特以请，十六日闿运拜上，白石山人坐右。（图34）

图34　王闿运　致齐白石信札　纸本
19.5cm×25cm　1911年　北京画院藏

此信有日期，但未署明具体年月，当写于1911年农历十二月十六日，有《湘绮楼日记》印证：

---

① 马积高主编、王闿运著《湘绮楼日记》，岳麓书社，1997，第3106页。

（十二月）十五日，晴。朝食后将出，江（汪）泽仁来久谈……夜续成欧序。与齐濒生书，约其来饭。

（十二月）十六日，阴。派人请唐春海及濒生，濒生已还乡矣。

（十二月）十八日，辛亥，午初立春，阴……朝食后江（汪）泽仁偕小道来，太早，且与摸牌，过三圈，唐春海亦至，请五客来三客，申初入座，酉初散。①

从十五日日记可知，十五日便写好了书信，但因为已经夜深（古人每天的开始以子时记，今天的23点至1点），便署十六日，王闿运写信的动因在日记中也有清晰反映，是因为汪泽仁来久谈。而十八日即立春日，汪泽仁、唐春海如约赴宴，齐白石因已还乡未能至。

在这里需要说明的是，《湘绮楼日记》整理者把"汪"误为"江"，这在《湘绮楼日记》中同样可以得到印证：

（1911年农历四月）六日，雨寒……前得汪德溥书，嘱夏子问其爵里，云广西监财官，实缺朔平府，因复二纸。汪字泽仁，自云年侄，曾索书。

另，此处的汪财官是汪德溥、字泽仁，而不能混为汪颂年。

因汪颂年早与齐白石熟稔，且于光绪三十一年（乙巳·一九〇五）七月中旬，邀请齐白石游桂林，时汪颂年乃广西提学使，有了这层关系，1911年时汪颂年与齐白石已是认识七年的老朋友了，不存在托人求刻印章。

从1911年的这两封信，我们更可从称呼看到王、齐之间微妙的关系。陪军机大臣瞿鸿机雅集时，非常客气地称"濒生仁兄晚安"，且因是托人送信，还加上"恕不自诣为幸"的客套语；陪汪财官宴饮时称"白石山人坐右"还用了"王闿运拜上"的谦辞，并且用了"能惠然一临否"的试探性语言。可知，王闿运有事

---

① 马积高主编、王闿运著《湘绮楼日记》，岳麓书社，1997，第3158页。

相托时，便格外低调与谦虚，也可旁证出王对齐并不能十分把握，这种状态的呈现，当然是齐、王现实交往时的心理折射。另外从这两封信，我们也无法判断出王闿运与齐白石是师徒（生）关系。

（四）从齐白石收藏王闿运的几件书法作品看齐、王之间的交往

目前可知，除上文所提到的序跋传记文字和两封信外，齐白石还珍藏了王闿运四件书法作品，这四件书法作品现藏于北京画院，其中两件专为齐白石所写。其一为《自录五言诗》行书：

图35 王闿运 自录五言诗 纸本
151.5cm×41cm 无年款 北京画院藏

> 独睡掩重幕，心清梦不昏。
> 忽闻香气入，定是梅花魂。
> 濒生仁兄诗家正句，闿运书。（图35）

这件书法作品有珍贵的文献价值。其珍贵之处在于上款的"濒生仁兄诗家正句"，这似乎是对多年前评齐白石"诗则薛蟠体"的戏谑语之一种矫正，又似乎是对齐白石的诗歌写作水平的暗示性评价，还可能是觉着自己与齐白石之间确实存在着许多"小紧张"，而主动示好以谋缓和。总而言之，我们无法从此件作品读出王、齐的师生关系，但因无纪年款，笔者暂时也找不到准确的书写时间，不过，从王、齐交往的脉络来看，书写时间应在1911年前后。

其二为《湘绮老人四条屏》：

炎汉太宗长沙清庙栋宇接近，云雾晦暝，赤豹文狸，女萝薜带。山祇见于法眼，窦后依于佛光，至请旧居，特为新寺，禅师洎翌日，弘聚谋界众表之。明诏行矣。水臬有制，丘墟尽平。太康二载，有若法导禅师，莫知何许人也。默受智印，深入证源；不坏外缘，而见心本；无作真性，而注福河；大起前功，重启灵应。神僧银色化身丈余，指定全模，标建方面；法物增备，檀借益崇。广州凌去之台，疏以布金之地。濒生仁弟属作。闿运。（图36）

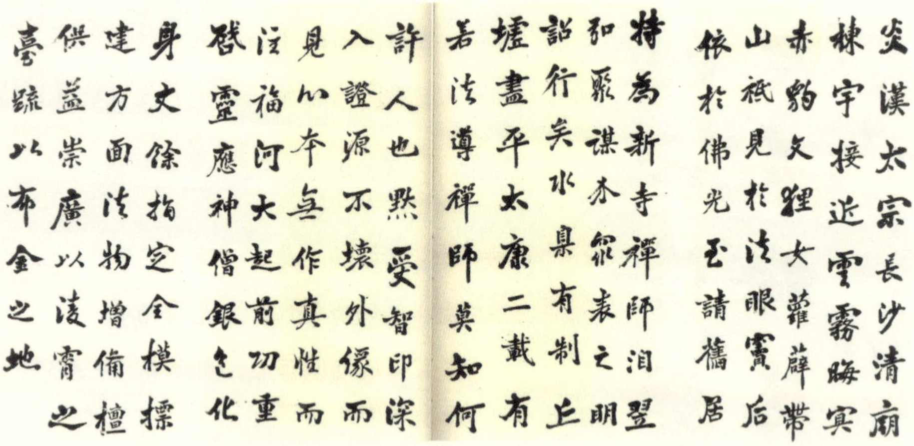

图36 王闿运　节录麓山寺碑　纸本　86.5cm×47cm×4　无年款　北京画院藏

从款识可知，此四条屏乃齐白石请王闿运所作，内容为《麓山寺碑》节录。正因为是节录《麓山寺碑》，为我们提供了抄录的时间线索：大约1910年冬或1911年。原因有二：

其一，庚戌（1910）冬，齐白石应黎薇荪之邀，寻访《麓山寺碑》。黎锦熙在《齐白石年谱》1910年的词条上有明确的按语：

熙按：麓山湖南高等学堂即岳麓书院旧址。是年黎鲸庵为监督，张铁匠为教务长，招白石游山，寻李北海《麓山寺碑》。后白石壬子岁和鲸庵诗有"麓山

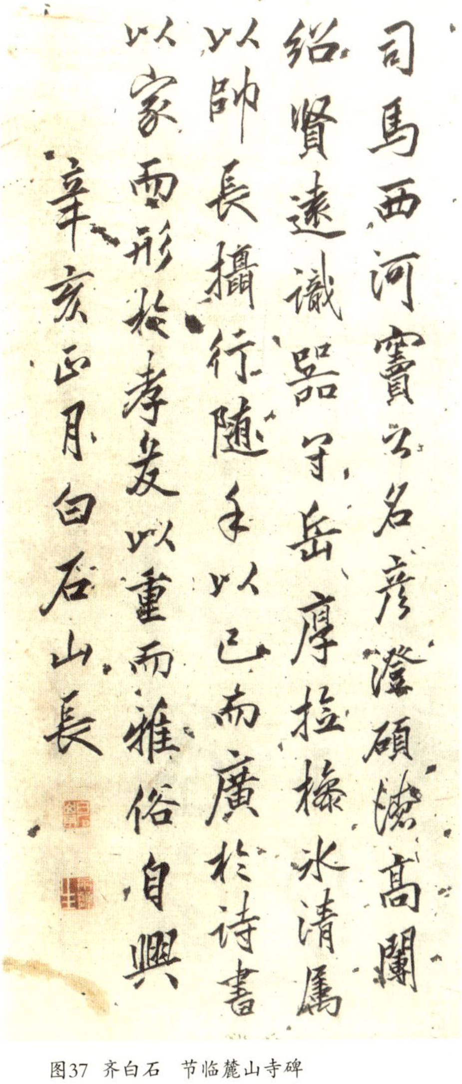

无复寻碑梦"之句（我的《庚戌学堂日记》：十一月十七日，晚至胡宅，晤五丈、仲师、及寄园。"是白石冬间尚在省垣也。）[①]

其二，阅读齐白石署年为"辛亥正月"的临《麓山寺碑》书法作品（图37）。可知，从寻访《麓山寺碑》到临写《麓山寺碑》，齐白石对该碑的兴趣异常浓厚，为了便于学习，请王闿运节临此碑，作为自己学习的参考，是再自然不过的事情了。

从王闿运节录该碑的水平来看，也确实能见出王闿运受李北海影响较深，尤其是用笔之圆浑、淳厚和字势之略向右上耸立，可谓神似。王闿运对李北海的字评价甚高，在其《论历代名人书法》中有云：

自弱冠至今五十七年，骖靳时贤，多见史迹，尝以为逸少不如北海。[②]

图37 齐白石 节临麓山寺碑
纸本 79cm×34.5cm 1911年
中央美术学院藏

读四条屏的款识，虽然我们依旧无法判断王、齐是师生关系，但可以读出齐白石对王闿运的书法作品是很看重的，或者说，齐白石在学习李北海书法时，曾有过借鉴王闿运的想法与行为。这是目前我们能找到的齐白石向王闿运求教书法

---

a 熊治祁.《湖南人物年谱》：第五卷[M].长沙：湖南人民出版社，2013：495.
b 马积高主编、王闿运著《湘绮楼诗文集》，岳麓书社，1997，第369页。

的证据。

第三件书法作品是《湘绮老人墨迹四条屏》，第四件书法作品是《湘绮老人论诗词横幅》，因明显是写给他人而被齐白石收藏的，与本文关系不大，便不做具体介绍。有兴趣的可直接查阅《北京画院藏齐白石全·综合卷》。

五、结语

通过考察与梳理，我们不难得出如下结论：

（一）齐白石与王闿运师生关系的含义

齐白石与王闿运师生关系究竟是一种怎样的含义？我们不妨阅读1939年10月21日《立言画刊》对齐白石弟子的分类：

第一类为入室弟子，始终守齐，或与七十二贤人相似，李苦禅便是。第二类乃拜门弟子，一些成名或未成名的画家，虽非法齐，而慕齐之名，邱石冥、王雪涛便是。第三类为艺术学院的学生。

如果我们以此为分类标准的话，那么，齐白石与王闿运的师生关系无疑属于第二类，即齐白石是王闿运的拜门弟子。

有了这个基本认识，我们就不难理解，在对待王闿运、胡沁园两位恩师时，齐白石所呈现出来的情感与态度为什么会存在微妙的差别。

1899年正月，王闿运与齐白石初识于郭武壮祠。其时王闿运66岁，已有咸丰七年（1857）中举、咸丰九年（1859）应肃顺之聘为西席、同治元年（1862）入曾国藩幕、光绪五年（1879）应四川总督丁宝桢之邀主讲尊经书院等耀眼经历；而齐白石不过是一个年仅37岁的青壮年，虽秉性颖悟，毕竟弃斧斤读书甫满十年，两人之间的年龄、地位、社会声望、文学综合修为之悬殊，显而易见。

这种差距当然会成为王、齐交往的一种沟壑，表现出来的便是王闿运的优越与齐白石的寒碜，兼之齐白石高度自信中实有强烈自卑情结的作祟，还不能排除两人因差异而带来的互相误会的因素，纠结、尴尬、试探、不悦始终弥漫在王、齐的交往过程当中。

尤为重要的是，我们在阅读王闿运生前（1916）相关日记、序跋、题字等文献资料时，找不到王闿运认同齐白石为学生的系列证据。无独有偶，在齐白石1916年之前的日记和诗歌甚至绘画款识中，我们也无法挑拣出齐白石认同王闿运为老师的系列证据。既然没有王、齐对师生关系互相认同、认可的证据，我们就应该对王、齐是"师生关系"这个命题进行谨慎地辨别与区分。

当然，三十一岁的年龄差，学问、地位之悬殊，游于王门的事实，是很容易让人们完成王闿运是齐白石老师的心理认识，继而把这种认识顺理成章地转化为事实的真相。实际上，1916年之前的王、齐交往，只是看起来很像师生关系，但其中的细节却会时时提醒我们，持这种判断不是失诸简单与粗率，就是一种怕麻烦而偷懒的行为。

王闿运的志向是经、史、诗，齐白石的志向是诗、书、画、印，这种看起来并不矛盾的志向取向，其实隐含了包括审美取向、价值取向的分歧，这种分歧又带来了两人交往时相对的隔膜，兼之性格与年龄上的不对称，隔膜的冰释也绝非一朝一夕之事。

王闿运在齐白石面前是颇有优越感的，至于齐白石对这种优越感是抱一种怎样的态度，决定了王、齐交往的和谐程度。事实上，齐白石易"借山吟馆"为"借山馆"，对王闿运"诗则薛蟠体"的评价，实际上都有一种无可奈何的不服气，这种不服气暴露了王、齐交往深层的龃龉。

这种深层的龃龉，王闿运绝对是觉察到了，才会在书信上出现"濒生仁兄晚安""白石山人坐右"颇为尊重的称呼，也才会在自作五言绝句的款识中写上"滨生仁兄诗家正句"的谦恭之语。笔者认为，正是王闿运这种态度的转变，导致了若干年后齐白石对王闿运"湘绮师"身份的追认。

（二）师生关系是王闿运逝世后即1916年之后，齐白石在内心深处的一种美好完成

之所以人们会形成"王闿运与齐白石是师生关系"的认识，是因为王闿运逝

世后齐白石对"师生关系"进行了美好的构建,并且把这种美好的构建不断地在区域内进行文字强化。齐白石为什么会在王闿运逝世后,重新构建出一种崭新、和谐的"师生关系"?原因是有四:

其一,王、齐现实交往有18年,在这18年里,王闿运为齐白石金石刻画作序、为齐白石祖母撰写墓志、为借山吟馆题诗、命弟子为齐白石作传、为寄萍堂题匾、为齐白石临《麓山寺碑》示范等等,分明是在行使一分前辈、师长的责任,这些点点滴滴的恩德,齐白石当然记忆犹新,当然也会感恩戴德。

其二,王闿运逝世以后"三千门客赵吴无"的齐白石也开启了收徒授业的模式,对师生关系有了亲身体验。这种亲身体验"逼迫"齐白石做出德高为范、学高为师的表率,这既是对自己与门生之间的一种秩序维护,也是一种最好的言传与身教。

其三,王闿运虽然逝世了,但他的后人,以及他的门生故友仍然是一个令齐白石必然重视的存在。

作为王闿运门生的夏午诒、郭葆生、杨度、杨钧、张篁溪等,作为王闿运旧友的樊樊山、易实甫、陈三立、尹和伯等,都和齐白石有着颇深的交往,如何处理好自己与王闿运之间的关系,无疑是一种现实的需要,也是对齐白石人格、品德的一种考验。

其四,从最世俗的层面讲,基于王闿运影响力,"湘绮弟子"只会给齐白石的现实交往添砖加瓦。另外,齐白石坚信"湘绮弟子"的身份并不会使王闿运蒙羞,这种难度并不大的两全其美的动作,通透明白的齐白石有何理由不做呢?

总而言之,王闿运与齐白石师生关系的成立,是一个不断磨合、不断包容、不断确认的过程,过程中的张力非常巨大。也正是因为这种巨大的张力逐渐把王、齐之间原有的缝隙粘合,呈现给读者一个充满感动、脉脉温情的故事,而永远让人津津乐道。

(尹军,湘潭市齐白石纪念馆创作研究部主任,齐白石艺术委员会委员)

齐白石作"江瀚"印小考

孙田　吴炬

　　《齐白石全集（普及版）》第八卷篆刻第三部分"他人用印（斋室·闲文·吉语）"中，有一枚"江瀚"白文方印，依照罗随祖先生在第八卷序言所示选印来源查检，此印曾刊于戴山青所编《齐白石印影》、松荫轩藏《白石山翁印集》两册，齐良迟（1921—2003）手钤印谱亦收录此印。齐良迟为白石四子，此印钤于白石所绘枇杷套色水印笺

齐白石刻印《江瀚》及《白石山翁印集》书影

纸上，印面四边击边、做残细节较全集本丰富，惜此《印集》没有序跋可资系年

参考。就印蜕而言，"江""瀚"两字，饶有《天发神谶碑》入印的踪迹，尤其是两处"氵"旁，俱作长短不同的三竖，铁笔如书，不拘并笔，淋漓尽致地展现了齐翁篆刻单刀直下的气势，方寸之间，仿佛"江流有声，断岸千尺"。章法上疏密相间，疏可走马，密不透风，"江"字右竖以双刀冲成，重笔强调，与其他线条的宽度形成鲜明对比，即使"江"字率先跃入眼帘，也平衡了左右布白关系。北京画院所藏齐氏作于1931年的"老年流涕哭樊山"白文方印，一印之中亦安排两处"氵"旁，只是变左右为上下，下方的"氵"也有"江""瀚"两字第三笔高起的特征。北京画院亦藏"湘潭人也"白文方印与"中国长沙湘潭人也"白文大方印，黄惇先生将其大略归为齐氏七十岁以后的作品，前者涉及两处"氵"旁的上下排布，后者三处"氵"旁兼有上下与左右安排，可以参看。从风格看，"江瀚"印不早于1920年代时间，可至1930年代。黄惇先生在罗随祖先生主张的齐氏篆刻四阶段分期基础上调整了起讫年岁，以戊辰十月（1928）齐氏六十六岁所撰《白石印草·自序》作为变法完成、开创个人篆刻面貌的标志，以所见良迟手钤印蜕论，此印可归于始于戊辰的第四阶段。

此印确属他人用印，但印文非关斋室、闲文、吉语，而是时人姓名。印主为长汀江瀚（1857—1935）。江瀚虽为闽人，生于四川璧山（今重庆璧山），1920年代除一度任教于山西大学外，主要居住在北京，至1935年去世。艺术市场中曾

《白石山翁印集》中的"江瀚"白文方印

北京画院所藏齐氏作于一九三一年的"老年流涕哭樊山"白石方印

出现一件钤有此印的江瀚暮年书作："文化东方赖主张，又看槃敦有辉光。定知赞画关时局，兵气全销道术昌"，署"甲戌（1934）初伏，长汀江瀚时年七十又八"。① 七绝所言涉及江瀚1920年代以来的文化事业，当为自书诗作。"文化东方"当指1924年至1928年期间中日双方著名学者组成的顾问组织"东方文化事业委员会"，江瀚于1925年9月任中方委员。这一组织的成立由日本庚子赔款为主体的资金支持，后在京成立"北京人文科学研究所"，开展《续修四库全书总目提要》纂修工作，江瀚亦预其事。诗中所言"时局""兵气全销"云云，与之相应。"槃敦"是古物的代称，"又看槃敦有辉光"表达了对文物保护与文献整理事业的期许。自1926年8月，江氏为政府聘任的"故宫保管委员会"二十一位委员之一，② 其后近七年投身故宫文物事业，解决院内经济困窘，典守院内文物。③ 当年12月9日，江瀚被故宫博物院维持会推举为会长，主持故宫博物院院务。④ 1928年又被任命为故宫博物院第一届理事会理事，⑤ 1932年10月4日就任故宫博物院代理理事长，⑥ 1933年卸去代理理事

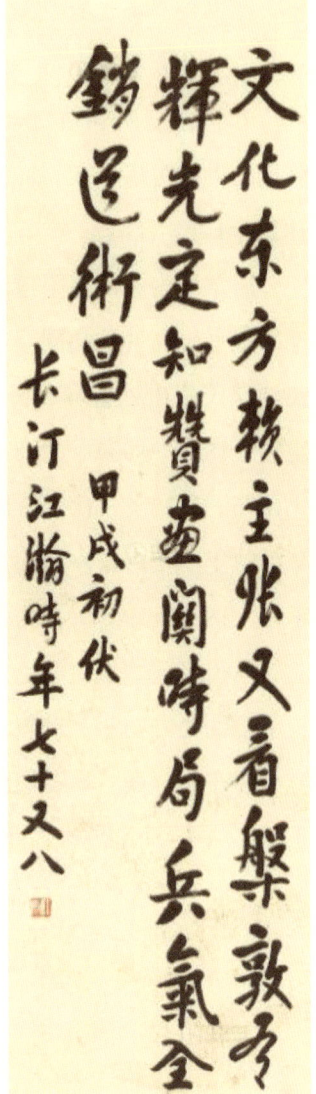

江瀚书法作品

---

① 江瀚所著《慎所立斋诗文集》于1924年刊印，收诗止于1922年。此或为集外诗。
② 章宏伟.《江瀚与故宫博物院》.载《求索》，2016（10）：150.
③ 白杨.《江瀚与故宫博物院的早期发展》.载《故宫学刊》，2016（2）:293-302.参见章宏伟.《江瀚与故宫博物院》.载《求索》，2016（10）：149-155.
④ 白杨.《江瀚与故宫博物院的早期发展》.载《故宫学刊》，2016（2）:296.又见章宏伟.《江瀚与故宫博物院》.载《求索》，2016（10）：151.
⑤ 白杨.《江瀚与故宫博物院的早期发展》.故宫学刊，2016（2）:298.又见章宏伟.《江瀚与故宫博物院》.载《求索》，2016（10）：154.
⑥ 章宏伟.《江瀚与故宫博物院》.载《求索》，2016（10）：154.

长，图书馆事务也移交袁同礼。①1934年初伏书此诗，"又看槃敦"四字，诚为暮年诗赋动人所在。

存世白石所刊白文名章甚多，此作背后，另有长汀江氏、武昌张氏与义宁陈氏的世谊可堪一表。江瀚日记已经整理出版，惜不涉及1920年代及其后岁月。1924年1月，江瀚居东安门外八面槽大街七十号，在1920年代后期直至其生命暮年，居东城内务部街附近小方家胡同四号，四世同堂。1923年中秋节后，齐白石迁居太平桥高岔拉胡同一号，1926年冬，买下西单跨车胡同十五号。湘潭齐氏与长汀江氏虽出处各异，除曾同寓京华，年齿相近，交游恰有交集——江瀚是陈三立（1853—1937）的诗友，江瀚长子江庸（1878—1960）与陈三立长子陈师曾（1876—1923）、次子陈隆恪（1888—1956）都有留日经历，亦为诗友，江庸与陈师曾年岁相近，友情尤为深笃；江瀚长女江琼（1879—1958）适张裕钊长孙张孝栘（1881—1949），张氏亦曾留日，陈师曾在移居西城裤子胡同前，曾寓西城北新华街张宅"槐堂"。②身为齐白石的"平生知己"，陈师曾在亲密友人江瀚长子、长女夫妇乃至世叔江瀚面前推重齐氏铁笔，允称合情；治印时间晚于陈氏卒年，亦属合理。笔者期待未来有更多可资参证的材料出现，以助此印的进一步系年。

（孙田，中国美术学院博士；吴炬，协和医科大学/清华大学硕士）

---

① 白杨.《江瀚与故宫博物院的早期发展》.载《故宫学刊》，2016（2）:302.又见章宏伟.《江瀚与故宫博物院》.载《求索》，2016（10）：155.
② 陈小从，《图说义宁陈氏》[M].济南：山东画报出版社，2004：31，34，106-107.

自有太平时候
——记抗战时期的齐白石

齐驸

抗战时期，中国文艺界有两位艺术家抵制日本侵略者的事迹广为人所熟知，其一是梅兰芳蓄须罢演，其二便是齐白石闭门拒画。而说起抗战期间齐白石的种种表现，还须得从他湖南人的身份说起。

齐白石早年拜于湖湘名士王闿运门下，在《白石老人自述》中，齐白石称王闿运为"湘公"。"湘公"怀抱帝王之学，曾经是曾国藩的"幕府"一员，又与李鸿章、张之洞、陈宝箴、袁世凯等人过从，其临终作联自挽云："春秋表未成，幸有佳儿续诗礼；纵横计不就，空余高咏满江山。"可见其功业抱负与后半生的诗书教化成就。拜于"湘公"门下，不仅提供齐白石一个结交湖湘名流的机会，先生的言传身教，也造就了齐白石的家国天下视野和文人学养基础。齐白石这时期有一首绝句："往事平泉梦一场，师恩深处最难忘。三公楼上文人酒，带醉扶栏看海

齐白石像

王闿运像

陈师曾像

棠。"其中赴宴同饮"文人酒"的,就包括了前军机大臣瞿子玖,据此可一窥齐白石朋友圈里都有些什么人。世人都见过齐白石"画虾""农民木匠"这两个醒目的标签,但齐白石并不只是这么简单的一介农夫画匠。其实早在湖南乡间,他便交游不凡,视野开阔,湖湘文化的优秀基因早已植入他的体内,而他的作品里也烙上了时代的印记。

1919年55岁的齐白石定居北京。早期学习八大山人冷逸一路的风格,齐白石的画如他自己所言"不为北京人所爱",其作品在琉璃厂南纸店卖得也不尽如人意,生活窘困。此时陈师曾在琉璃厂偶见齐白石的刻印,极为赞赏,特意找到齐白石的住处,与其探讨艺术,鼓励齐白石自创风格,不必求媚于世俗(白石老人自述)。陈师曾此时是北京画坛的领袖人物,出身世家名门,其胞弟是一代国学大师陈寅恪,陈的激赏使逆境中的齐白石受到巨大的鼓舞,在齐白石看来,与陈师曾为友是自己一生中值得纪念的大事。衰年变法,红花墨叶画法的开创,都受陈师曾的影响。当然,影响也是相互的,齐白石曾云:"君无我不进,我无君则退。"1922年,陈师曾携带齐白石的画作,到日本参加中日联合绘画展览会,正是在这里,齐白石的大写意、山水均受到热烈的追捧,所有作品以国内想也不敢想的善价售罄。不仅如此,在东京的法国人还将齐白石的画带到了巴黎艺术展览会。据齐白石回忆,当时日本人甚至要把他的生活和创作情景拍成影片在东京艺术学院播放。这些消息很快传回国内,齐白石名声大噪,一时间外国人蜂拥至北京,点名要齐白石的画。而琉璃厂的画商纷纷投向齐白石求画,以期投机生意。可以说,日本是齐白石艺术的福地,是日本人的赏识让齐白石一举成名天下知。

1931年日本发动震惊中外的"九一八"事变侵占沈阳,齐白石对张学良弃守东北逃入关内的行为十分愤慨。适逢重阳,齐白石与友人登宣武门,写下"莫愁天倒无撑著，犹峙西山在眼前"的诗句，讽刺时人幻想依赖国联调查团，抑制日寇的侵略。是年十月，齐白石参加胡佩衡、金潜庵等发起组织的古今书画赈灾展览会，用自己的作品筹集善款以资国难。

随着锦州失陷，平津地区形势日益恶化，而敌伪人员在北京活动频繁，不乏慕白石之名而欲求画者，他交代女佣将大门紧锁，有人叫门，他自己先从门缝往外看，能见的才见，不能见的就让女佣说："主人不在家。"到这年冬天，为了躲避这些烦扰，齐白石一度住到门人纪友梅家中。后来回忆起这一段往事，齐白石说："我虽是一个毫无能力的人，多少总还有一点爱国心，假使愿意去听从他们的使唤，那我简直对不起我这七十岁的年纪了。"

1937年"七七"事变后，北平沦陷，齐白石坚决拒绝了日本人要他出任伪职的邀请，请辞国立北平艺术学院、私立京华美术专科学校的教授之职，并开始闭门不出，唯一的一次外出是因为故人陈师曾父亲陈三立去世，齐白石去送挽联，其中有"乍经离乱岂无愁"之句，国难如斯悲痛之情溢于言表。翌年南京、湖南相继失陷，白石心绪不宁《三百石印斋纪事》于此停笔。

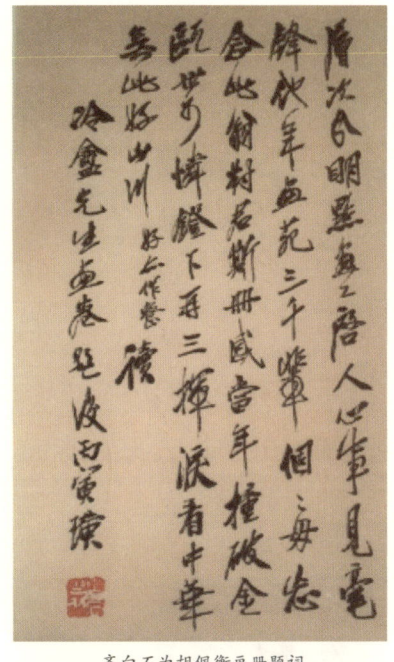

齐白石为胡佩衡画册题词

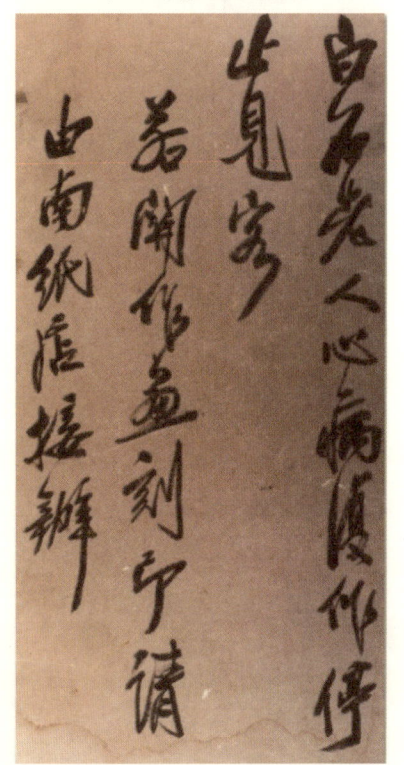

齐白石书门条（辽宁省博物馆藏）

齐白石书门条（北京画院藏）

1938年齐白石作"使民善耕种，处世要和平"祈望祖国和平（北京画院藏）

在敌占时期，为了抵制日伪的纠缠，他在寓所门上贴上门条："白石老人心病复作，停止见客，若关作画刻印，请由南纸店接办。"又写一张门条："画不卖与官家，窃恐不详告白。"并内加小注："中外官长要买白石之画者，用代表人可矣，不必亲驾到门。从来官不入民家，官入民家，主人不利。谨此告知，恕不接见。"齐白石自言"我是想用这种方法，拒绝他们来麻烦的。还有给敌人当翻译的，常来讹诈，有的要画，有的要钱，有的欺骗，有的硬索，我在墙上，贴了告白：'与外人翻译者，恕不酬谢，求诸君莫介绍，吾亦苦难报答也。'"

1938年齐白石作"使民善耕种，处世要和平"祈望祖国和平（北京画院藏）

1940年，齐白石于国难多舛、家道困顿之际在日记里低吟"且喜三千弟子，复叹故旧辰星"。齐白石的入室弟子并不多，所谓"三千弟子"当指艺专执教时的众多学生，此时常年闭门不出的齐白石内心寥落的心情可以想见。

尽管齐白石长居家中，也难免兵乱之扰。1941年5月初，忽有几个日本宪兵闯进齐家。齐白石从容镇静，"我坐在正中间的藤椅子上，一声不响，看他们究竟要干些什么，他们问我话，我装得好像一点儿都听不见，他们近我身，我只装没有看见，他们叽里咕噜，说了一些我听不懂的话，也就没精打采地走了。"（《白石老人自述》）

自有太平时候 161

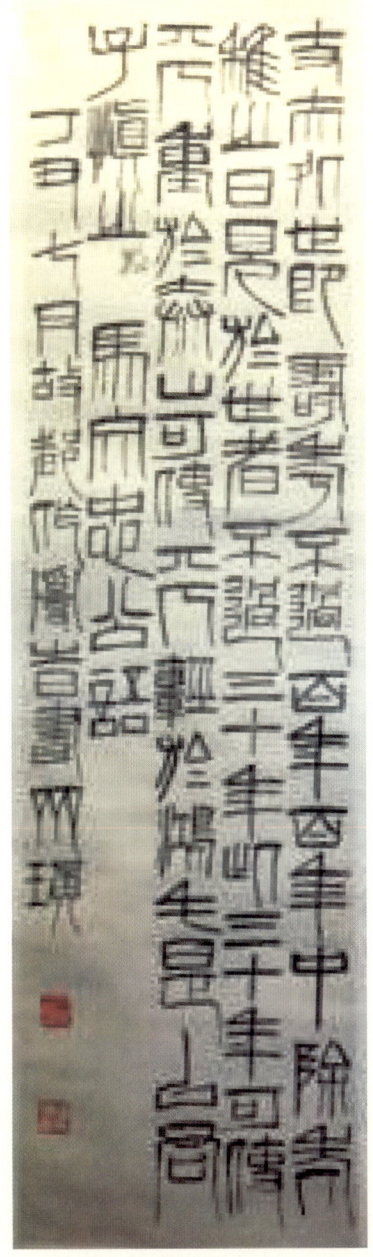

1937年齐白石为友人书马文忠公语"丈夫处世,即寿考不过百年。百年中除老稚之日见于世者不过三十年。此三十年,可使人重于泰山,可使人轻于鸿毛,是以君子慎之。"(北京画院藏)

1942年,平西、平北抗日的消息传来,齐白石非常兴奋,他特地登上陶然亭,遥望西山。并填成《重到陶然亭望西山》一词,抒写中国人民的胜利信念:"西山犹在不用愁,自有太平时候。"

1943年,齐白石已是八十老翁。"因不堪官兵骚扰,这年起闭门作画,拒售,并在大门张贴'停止卖画'告白。从此无论是南纸店经手,或是朋友介绍,一概谢绝不画。"(《齐白石年谱》)也是在这一年,他写下"寿高不死丑为贼,不羞长安作饿饕"的诗句,表达一份宁死不屈的民族气节。

北平沦陷后,日本人掌控的北平艺术学院改为艺术专科学校,日本人邀请齐白石授课该校,被断然拒绝。1944年,该校忽然给齐白石送煤。《齐白石年谱》记云:"民国33年甲申白石84岁。在北平。在'答北京艺术专科学校'函云:顷接艺术专科学校通知条,言配给门头沟煤事。白石非贵校之教职员,贵校之通知误矣。先生可查明作罢论为是。"

一个年老体衰的老年人,齐白石不能战场杀敌,但他以诗画喻义,不断进行着抗争。他的《寒鸟》一画,唯枯枝一笔,寒鸟独立其上。题曰:"寒鸟,精神尚未寒。"意喻敌占区人民身处困境,精神不屈。又有《群鼠图》,题曰:"群鼠群鼠,何多如许!何闹如许!既啮我果,又剥我黍。烛炧灯残天欲

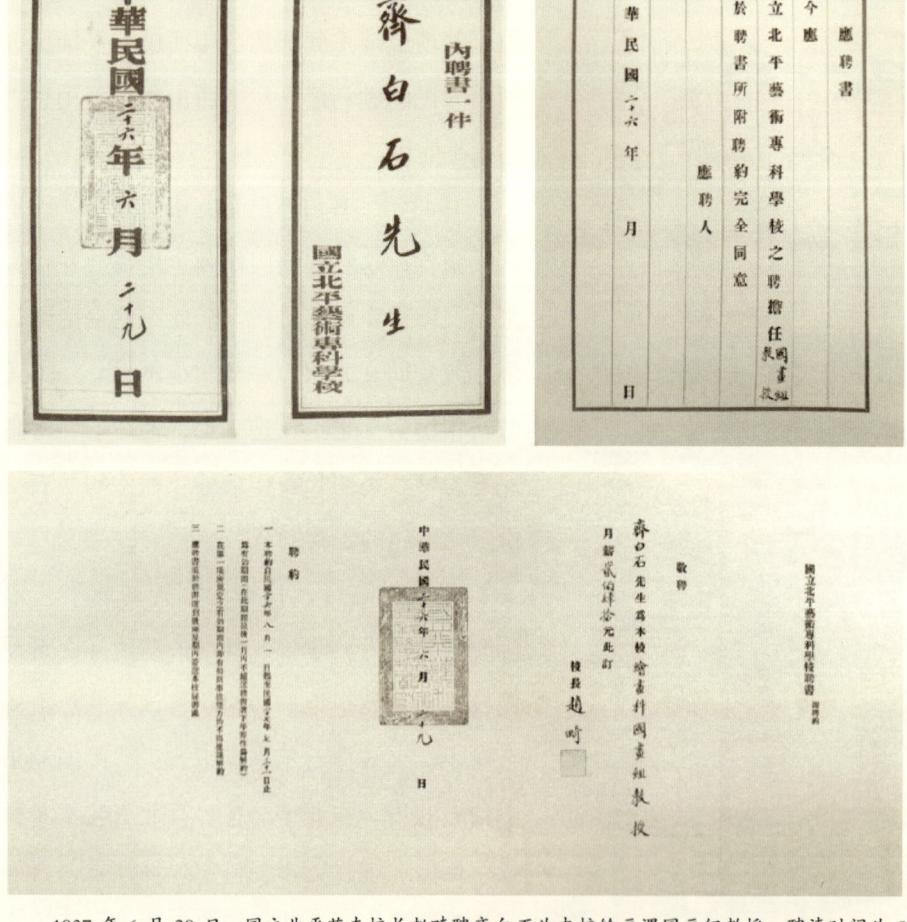

1937年6月29日，国立北平艺专校长赵畸聘齐白石为本校绘画课国画组教授，聘请时间为8月1日至1938年7月31日。齐白石对于这份聘书未予接受。他在本年度离职时间应在四月份之后，查看《国立北平艺术专科学校教职员录（民国二十六年四月）》，白石的名字尚罗列其间。翻阅1938年6月的《国立北平艺术专科学校教职员调查表》以及1945年《国立北京艺术专科学校教员姓名及略历表》，则确无齐白石的相关记载。

曙，严冬已换五更鼓。"又曾画蟹，题曰："处处草泥乡，行到何方好；去年见君多，今年见君少。"为患之鼠和横行之蟹无疑都代指敌寇，而他坚信黑暗终将过去，敌寇终将覆灭。

1945年8月15日，得知日本人投降了，齐白石欣喜若狂，当晚邀好友举办家宴，席间赋诗一首："受降旗上日无色，贺劳樽前鼓似雷。莫道长年亦多难，太

1948年北平艺专教师合影

平看到眼中来。"10月10日，友人来访，"留他们在家小酌，我做了一首七言律诗，结联云：'莫道长年亦多难，太平看到眼中来。'"（《白石老人自述》）

抗战胜利后，重庆、南京相继举办齐白石画展，《新华日报》载文称："白石先生不仅在画技上有超人之处，以先生的品格来说，北平陷敌后，在那里住了八年，未作一画，并拒绝了敌伪的教授之聘，这种高尚的节操，实为艺林生光。"之后的许多年各大媒体竞相报道白石老人的事迹，对老人来说，也许在获得世界和平奖后的这一段讲话正代表了作为一位普通"湖南湘潭人"的心声：世界和平理事会把国际和平奖金获得者的名义加在齐白石的名字上，这是我一生至高无上的光荣，我认为也是给予中国人民的无上光荣。我以九十六岁的高年，能借这个机会对国家社会，对文艺界有些小贡献以获得这样荣誉，这是我永远不能忘的一件事。正因为爱我的家乡，爱我的祖国美丽富饶的山河，爱大地上的一切活生生的生命，因而花费了我毕生的精力，把一个普通中国人的感情画在画里，写在诗里。直到近几年来，我才体会到，原来我追求的就是和平。

（齐驸，深圳大学助理教授）

齐白石家乡行迹述略

何歌劲

齐白石是从湘潭乡村走出的世界文化名人。他的名字与湘潭的地名紧密地联系在一起。湘潭南边，离城一百多里地，有个老驿站，叫白石铺。齐白石就出生在白石铺附近的杏子坞星斗塘。在他开始从师学画的时候，便有了几个名字，除了他的派名、学名、字，还有一个以出生地名为中心的号，叫"白石山人"。也许是齐白石为了题款省简，也许是喜欢齐白石画作的读者的便捷称呼，于是"白石山人"成了"白石"，再与姓氏相连就更加专属，于是便有了"齐白石"。到这里，号便演变为名了。从此，天下绝大多数晓得他的人只知道有一个齐白石，而不知齐璜、齐濒生等等的了。从地名角度来认识齐白石，就是如此充满情趣。

每一个名人都会有自己的原生地，家乡对每一个名人都会具有特殊的意义。作为世界性文化名人的齐白石，不仅在家乡生活的时间较长，家乡的经历对其后半生影响较大，而且在其书画与诗词的创作中常常以家乡的花草虫鱼为主角,这绝对是齐白石的人生与艺术的最大特点。

齐白石家世清贫,于1864年元旦出生,8岁进外祖父的私塾,只读了一年便辍了学。他在家砍柴、放牛,也自学一点诗书。15岁(1877)开始拜师学粗木作,16岁(1878)改学细木作,19岁(1881)出师。随后随师在白石铺方圆百里内从事雕花木作。26岁(1888)时从萧芗陔、文少可学画像。27岁(1889)拜胡沁园为师学画,拜陈少蕃为师学诗。此后,白天为木工,夜晚以松火读书;再后来便以绘像绘画为主业。32岁(1894)开始治印。33岁(1895)结交诗友,游于罗山、龙山诗社。35岁(1897)走进湘潭县城。旋拜邑中大儒王闿运为师。40岁(1902)到47岁(1909)"五出五归"(实"六出六归")。55岁(1917)避兵乱赴京居住半年。56岁(1918)农历二月十五日与家人避乱离家,避居紫荆山,经常伏于草莽之中,农历七月二十四日始归。56岁(1917)重往北京。57岁(1919)、58岁(1920)皆各有两次往返京湘。63岁(1925)农历四月初回乡省亲,畏乡乱,滞留湘潭城至秋间返京。64岁(1926)春初回湘,抵长沙,听说家乡一带正有战事,道路阻,不得通,只好折返,回到北京家已是二月底。先后得家书,知母亲农历三月二十三日逝世,父亲农历七月初五日逝世。73岁(1935)最后一次回湘探亲。农历二月二十八日启程,农历三月半到家,是月底即别,农历四月十四日到京。齐白石自纪其事说:"离家十余年,屋宇未损伤,并有增加。果木如故,山林益丛。子贞子如兄弟父子叔侄可谓好子孙也。只有春姊(指陈春君)瘦得可怜。余三月即别,别时不忍相见。并有二三好友坐待相送,余亦不使知,出门矣。"齐白石以这样的方式告别自己的亲人和故居,真有些匪夷所思。但这确实是一位乡情特重的艺术家所采取的独特方式,需要我们去细细体味。

齐白石自己说,他做雕花木匠活,给人画像,行遍了白石铺方圆一百里地。但我们今天从他自己的回忆里,从他的诗文所表述的内容里,只能有重点地勾勒出一个行迹区。这是因为他去过的有些地方只是完成自己的工作,没有特别的故事,他也没有刻意去记下踪迹。而我们今天所能留下清晰印象的地方,主要还是潭衡驿道一线。南到青石铺、茶恩寺,东南偏至朱亭,北到易俗河银塘、马家河与湘潭县城。这里首先是他居住过的星斗塘、梅公祠、茹家冲三处故居，然后便是其拜师以及与挚友交往的竹冲、晓霞山、五龙山、皋山一带。除此之外，便是经拗柴、继述桥，东北斜出到射埠、吟江。这也是他交友留下的轨迹线。

拿齐白石的行迹线与其同门友人杨度的行迹线去对照，他们是同时代人，齐白石长杨度12岁，且又多活了26年。但是他们重复的轨迹并不多，两个人早年在家乡的交往还缺乏直接的文字记载。杨度出生在上流社会，齐白石是凭着自己的才艺进入上流社会而一辈子没有忘本。把他们两人，甚至更多同时代以及与之前后相离不远的其他人在家乡的行迹组合在一起，我们便能更立体地了解与还原一个世纪前的湘潭社会，这是有意义的。

一、杏子坞　星斗塘

（一）史地阐述

杏花村，白石镇辖村，下辖21个村民小组，面积4.8平方千米，其中耕地面积156.7公顷，有568户，人口2123人。位于镇北部，距镇政府2.3千米。因境内盛开银杏花而得名。2016年，由杏花村、谭家垅村合并而成。齐白石故居位于境内。村委会驻太毛组。

齐白石故居占地200平方米，由县文物局管理。位于湘潭县白石镇杏花村杏子坞。原名星斗白屋。故居建于清咸丰年间。2006年5月，故居被国务院批准为全国重点文物保护单位。有G107线相连，距县政府驻地35千米。

齐白石出生于湘潭县白石乡杏子坞星斗塘。8岁时在附近就读私塾，9岁停学在家看牛。12岁开始学粗木，16岁转学细木。27岁拜师胡沁园，弃斧学画。与此同时，篆刻、书法、诗词同时精进。37岁时，携自己小家搬离星斗塘，在梅公祠佃屋分居。

杏子坞、星斗塘是齐白石世代祖居地，又是其祖父母、父母一生生活过的地方，同时也是他自己生命旅程中跨度37年的第一个驿站。而且，这里也是他此后常来的地方；更是他终生系念、最能代表其故乡情结的所在。

齐白石在晚年自述中，谈话的起始点自然是杏子坞、星斗塘，谈得最多的自然也是这里。他谈到了自己的先人，谈到了自己在这里生活的每一个阶段，包括其中的故事与细节。不独如此，他还用自己的画笔与诗词，不停地反映这里生活图景。

尤其值得注意的是，齐白石的这些讲述与作品，绝大部分完成于前清与民国时期。那是一个不会以贫穷为荣耀的年代。作为成功者，一般都会掩饰贫穷与困苦，更多地表现自己的尊荣其来有自。而齐白石不是这样，他是一个大无畏的唯真实论者。在他的笔下，不会虚构。他写自己真实的人生，写自己真实的家世，写自己亲见亲闻。也正因为如此，它的自述与作品才赢得了世世代代生生不息的真实的读者青睐。胡适曾经不满意于齐白石卖画时的计较润格，但当他读到齐白石自述时，一切尽皆释然，真正喜欢起这个老爷子了。

没有一个著名的历史人物，包括著名的文学家与艺术家会在一生中用那么多的文字与作品去回忆和表现自己故居的生活。齐白石在出生地生活了39年，这本身就是历史上有成就的人物中极为罕见的现象。而在离开自己的出生地之后，再用如此大的精力去表现自己的故居，这肯定是创造了一个中国文人与艺术家之最。

杏子坞、星斗塘，是湘潭县南边的一个小山村，有着青山绿水的美丽，是南方丘陵地带的典型风貌。这里又是人文积淀很深的所在。齐白石能够脱颖而出，还是搭帮于他在这里以及周边范围内早期所能接触到的优越的地方文化。我们细读齐白石关于这里的自述与描述，一定会深切地感受到这一点。

（二）白石辞典

杏子坞，又名杏花村。在湖南省湘潭县中路铺镇白石铺乡，距县城50多公里。齐白石故居所在地。

星斗塘，又名五桂堂（齐白石自称星塘老屋）。有一小山自白石铺的枫林亭蜿蜒而入杏子坞，其状似蛇，叫"蛇形嘴"。山下有水塘，相传有陨星落入塘中，故名。塘边有茅屋数间，清同治二年（1863）十一月二十二日（1864年元旦）齐白石诞生于此。

（三）白石行迹

1.《白石老人自述中的描述》

我是湖南省湘潭县人。听我祖父说，早先我们祖宗，是从江苏省砀山县搬到湘潭县的，这大概是明朝永乐年间的事，刚搬到湘潭，住在什么地方，可不知道了。只知在清朝乾隆年间，我的高祖添镒公，从晓霞峰的百步营到杏子坞的星斗塘，我就是在星斗塘出生的。杏子坞，乡里人叫它杏子树，又名殿子树。星斗塘是早年有块陨石陨星星，掉在塘内，所以得了此名，在杏子坞的东头，紫云山的山脚下。紫云山在湘潭县城的南面，离城有一百来里地，风景好得很，离我们家不到十里。有个地方叫烟墩岭，我们的家祠在那里，逢年过节，我们姓齐的人，都去上供祭拜，我在家乡时候，是常常去的。

2.齐白石诗歌中的描述

杏坞茅堂旧寂寥，松柴当烛记曾烧。[自注]（黎大尝宿星塘老屋，余烧松照谈诗境）廿年老矣情如死，孤负梅花开一宵。《宿老屋》

3.齐白石题画中的描述

儿戏追思常砍竹，星塘屋后路高低。而今老子年六十，恍惚昨朝作马骑。《题画竹》

二、白石铺

（一）史地阐述

驿路在此分为两路：一东南经汪家坳、花门楼、白皮铺、汤丸坳出东四区至朱亭；一正南十里为长岭铺，十里为柱塘铺，十里为中路铺（铺于驿路南北为中，故名）。又十里为黄茅驿，旧有驿丞，后设巡检，今废。驿南十里白石铺、十里西冲铺、十里青石铺、十里南冲铺，又南为界牌关，出衡山。关左濒湘江，右连天马山，前有七贤、雷祖两峰左右壁立，天然雄峻，为县南陆路之门户，南北兵交此为战场焉。青石铺东有樊田港，为潭衡分界处，且为湘水入境处；湘岸有桅杆岭，俯瞰湘流，是为县南水道之门户。

白石铺，是湘潭县城往南延伸约一百里，联结衡山、衡阳的一个驿站小市，同时也是齐白石故里最有代表性的地名。从实际使用的意义上说，它甚至不仅仅是一个乡镇的名字，而更多地具有区域性的地理意义。齐白石其名与白石铺相关，这已是尽人皆知的事情。但是，因为字中皆有"白石"二字，到底是人以地传，还是地以人传，许多人就弄不甚明白了。齐白石的自述给了我们明确的解答。白石铺其名在前，齐白石二十七岁时拜胡沁园为师学画，取名齐璜，又以居地而取白石山人为号。而尤其值得注意的是，齐白石题画，常常省略山人二字，久而久之，其号流行，其名不显，齐白石倒反而成为通行的名字。不过，也还是可以说，如果没有齐白石，湘潭的白石铺就不会闻名遐迩。

白石铺如今是一个乡镇的名字，它的覆盖面不仅仅限于当年那条麻石小街。白石铺，在童年齐白石的生活圈子里，就是"街上"，这是与"乡间"相对应的概念。齐白石上私塾的枫林亭，就在街头的高坡上，白石街早年就是村童纯芝心目中的"城市"。

齐白石后来当了雕花木匠，他的雕刻小作品最初是摆在了白石街的摊位上。后来他以画师出名，人们说的是白石铺出了个画家齐白石。齐白石当木匠，主要的工作范围肯定主要在白石铺一带，而他在这里画画闯出了一条路子，就把他的生活之路做了大幅的拓展。后来他说："我三十岁以后，画像画了几年，附近百来里地的范围以内，我差不多跑遍了东西南北。"

（二）白石辞典

白石铺，在湘潭县。清为九都辖地。现与马家堰乡合并为白石乡。地处紫荆山东侧、晓霞山南端；南与茶恩寺接壤，东与马家堰毗连，107国道贯穿南北。境内有古驿铺，为潭衡间驿站之一。铺后的小山是驿路必经之地，上山下山均为青白石砌成的石级（北112级，南64级），故名。这里是齐白石青壮年时代学艺、做工、卖画、拜师交友的活动场所。胡沁园、萧芗陔即以此为齐取别号"白石山人"。

（三）白石行迹

1.《白石老人自述》中的描述

依我们齐家宗派的排法，我这一辈，排起来应该是个"纯"字，所以我派名纯芝，祖父祖母和父亲母亲，都叫我阿芝，后来做了木工，主顾们都叫我芝木匠，有的客气些叫我芝师傅。我的号，名叫渭清，祖父给我取的号，叫作兰亭。齐璜的"璜"字，是我的老师给我取的名字。老师又给我取了一个濒生的号。齐白石的"白石"二字，是我后来常用的号，这是根据白石山人而来的。离我们家不到一里地，有个驿站。名叫白石铺，我的老师给我取了一个白石山人的别号，人家叫起我来，却把山人两字略去，光叫我齐白石，我就自己也叫齐白石了。其他还有木居士、木人、老人、老木一，这都是说明我是木工出身，所谓不忘本而已。杏子坞老民、星塘老屋后人、湘上老农，是纪念我老家所在的地方。齐大，是戏用"齐大非耦"的成语，而我在本支，恰又排行居首。寄园、寄萍、老萍、萍翁、寄萍堂主人、寄幻仙奴，是因为我频年旅寄，同萍飘似的，所以取此自慨。当初取此"萍"字做别号，是从濒生的"濒"字想起的。借山吟馆主者、借山翁，是表示我随遇而安的意思。三百石印富翁，是我收藏了许多石章的自嘲。这一大堆别号，都是我作画或刻印时所用的笔名。

我在中年以后，人家只知我名叫齐璜，号叫白石，连外国人都这样称呼，别的名号，倒并不十分被人注意，尤其齐纯芝这个名字，除了家乡上岁数的老一辈亲友，也许提起了还记得是我，别的人却很少知道的了。

2.齐白石诗歌中的描述

白石山前乱草堆，昔年曾见好花开。花魂昨夜犹缠我，时有清香上枕来。《室中无兰，枕上闻香，戏得二十八字》

三、周家洞　周家湾

（一）史地阐述

周家湾，是白石乡一个小地名，它位于古白石街旁。这是齐白石的外婆家。虽然贫寒，但其外祖父周雨若毕竟还是一位私塾先生。在那个年代，这就是乡村的知识分子。外祖父的名字还与齐白石所进私塾枫林亭联系着。这是齐白石启蒙之地。齐白石超人的悟性，应当追溯到这里。

（二）白石行迹

1.《白石老人自述》中的描述

提起我的母亲，话可长啦！我母亲姓周，娘家住在周家湾，离我们星斗塘不太远。外祖父叫周雨若，是个教蒙馆的村夫子，家境也是很寒苦的。咸丰十一年（辛酉·一八六一）我母亲十七岁那年，跟我父亲结了婚。嫁过来的头一天，我们湘潭乡间的风俗，婆婆要看看儿媳妇的妆奁的，名目叫作"检箱"。因为母亲的娘家穷，没有什么值钱的东西，自己觉得有些寒酸。我祖母也是个穷出身而能撑起硬骨头的人，对她说："好女不着嫁时衣，家道兴旺，全靠自己，不是靠娘家陪嫁东西来过日子的。"我母亲听了很激动，嫁后三天，就下厨房做饭，粗细活儿，都干起来了。她待公公婆婆，是很讲规矩的，有了东西，总是先敬翁姑，次及丈夫，最后才轮到自己。

四、枫林亭

（一）史地阐述

启蒙读书，这是每一个人最清晰的童年记忆。上学是童年生活的转折，许多新鲜不断出现在自己的生活里，故记忆最为深刻。齐白石正式上学的老师是外祖父周雨若。而在此前，教给他认识了三百来个字的人则是他的祖父齐万秉。齐白石在枫林亭读书的时间并不长，到九岁时，便离开私塾而回家看牛了。不过，他还常常将牛放到了枫林亭，不时地找自己的外祖父请教学业。

（二）白石辞典

在白石铺北面山坳上，离星斗塘3里许。齐白石外祖父周雨若在此附近的王爷殿开设塾馆。同治九年（1870）齐白石8岁时，入馆发蒙读书。

（三）白石行迹

1.《白石老人自述》中的描述

年九岁，外祖父设村学于白石铺之枫林亭，予走读，春雨泥泞，祖父领予于背，左手提饭箩，右手把雨伞，口教《论语》，是日所读之书，途中早熟记矣。曰："汝用心若是，惜越明年，将欲汝牧牛。"

同治九年（庚午·一八七〇），我八岁。外祖父周雨若公，果然在枫林亭附近的王爷殿，设了一所蒙馆。枫林亭在白石铺的北边山坳上，离我们家有三里来地。过了正月十五灯节，母亲给我缝了一件蓝布新大袄，包在黑布旧棉袄外面，衣冠楚楚的，由我祖父领着，到了外祖父的蒙馆。照例先在孔夫子的神牌那里，磕了几个头，再向外祖父面前拜了三拜，说是先拜至圣先师，再拜受业老师，经过这样的隆重大礼，将来才能当上相公。

我从那天起，就正式的读起书来，外祖父给我发蒙，当然不收我束脩。每天清早，祖父送我去上学，傍晚又接我回家。别看这三里来地的路程，不算太远，走的却尽是些黄泥路，平常日子并不觉得什么，逢到雨季，可难走得很哪！黄泥是挺滑的，满地是泥泞，一不小心，就得跌倒下去。祖父总是右手撑着雨伞，左手提着饭箩，一步一拐，仔细地看准了脚步，扶着我走。有时泥塘深了，就把我背了起来，手里还拿着东西，低了头直往前走，往往一走就走了不少的路，累的他气都喘不过来。他老人家已是六十开外的人，真是难为他的。

2.齐白石诗歌中的描述

枫林亭外夕阳斜，老大逢君更可嗟。记否儿时风雪里，同骑竹马看梅花。《题枫林亭外图》

五、铁芦塘

（一）史地阐述

铁芦塘是离白石铺不过三里地的小池塘。他的特色与价值就是依托塘围所生长的菖蒲与芦笋，以及伴之而生的鱼虾。这里肯定是齐白石青少年时期常来之所，以致在人生晚期还不断地出现在他所创作的画与诗里。

（二）白石行迹

齐白石诗歌中的描述

少小心多记事殊,老年一事未模糊。铁芦塘尾菖蒲草,五十三年尚有无。《追忆铁芦塘》

六、黄茅驿

（一）史地阐述

黄茅驿,是长沙与衡州主驿道上一个重要的驿站,这里是曾经有驿丞驻扎的所在。用齐白石的话说,是比白石铺大得多的驿站。不过它再大,对于从小就扛起了生活重担的齐白石,并不会刻意去追求它的新鲜。一个黄茅驿的巡检上任了,要来一套排场,可齐白石不愿去看热闹。独立的性格,是从小在不经意中就种下了种子。黄茅驿,对于齐白石,同样是家乡一个值得记忆的地名,他一样热爱这里,但对于加于其上的世俗与庸俗,他却有别于流俗,这是从小就显现出来了的做人品格。

黄茅驿现名黄茅村,为白石镇辖村,下辖17个村民小组,面积4.9平方千米,其中耕地面积193.8公顷。有512户,人口2161人。位于镇北部,距镇政府3.5千米。因境内有古驿站,名黄茅铺而得名。村委会驻王家组。黄茅小学驻村内。

（二）白石行迹

1.《白石老人自述》中的描述

我六岁那年,黄茅堆子到了一个新上任的巡检（相当于现在的镇长）,不知为什么事,来到了白石铺。黄茅堆子原名黄茅岭,也是个驿站,比白石铺的驿站大得多,离我们家不算太远,白石铺更离得近了。巡检原是知县属下的小官儿,论它的品级,刚刚够得上戴个顶子。这类官,流品最杂,不论张三李四,阿猫阿狗,化上几百两银子,买到了手,居然走马上任,做起"老爷"来了。芝麻绿豆般的起码官儿,又是化钱捐来的,算得了什么东西呢? 可是"天高皇帝远",在外省也能端起了官架子,为所欲为的作威作虐。别看大官儿势力大,作恶多,外表倒是有个谱儿,坏就坏在它的骨子里。唯独这些鸡零狗碎的玩意儿,顶不是好惹的,它虽没有权力杀人,却有权力打人的屁股,因此,它在乡里,很能吓唬人一下。

那年黄茅驿的巡检,也许新上任的缘故,排齐了旗锣伞扇,红黑帽拖着竹板,吆喝着开道,坐了轿子,耀武扬威的在白石铺一带打圈转。乡里人向来很少见过官面的,听说官来了,拖男带女的去看热闹。隔壁的三大娘,来叫我一块走,母亲问我:"去不去?"我回道:"不去!"母亲对三大娘说:"你瞧,这孩子挺别扭,不肯去,你就自己走吧!"我以为母亲说我别扭,一定是很不高兴了,谁知隔壁三大娘走后,却笑着对我说:"好孩子,有志气!黄茅堆子哪曾来过好样的官,去看他作甚!我们凭着一双手吃饭,官不官有什么了不起!"我一辈子不喜欢跟官场接近,母亲的话,我是永远记得的。

2.齐白石诗歌中的描述

看云忆弟远天涯,六十余年一瞬嗟。今日黄茅堆子地,曾骑竹马看山花。《望云哭二弟纯松》

七、韶 塘

(一)史地阐述

韶塘,即胡沁园居宅。此即胡沁园之父胡廷礨之故宅钟嘉山庄,宅前有鹧鸪塘。

胡沁园(1847—1914),名自倬,字云涛,号汉槎,别号沁园居士,行寿三,为湘潭拗柴胡氏松柏堂传人。

胡沁园擅长诗书画,尤精鉴藏。家藏图书万卷,名画珍迹甚多。延名师陈少蕃来家设塾,广交各界名流,宾客常盈门。

这里是齐白石学画的正式拜师之地,也是他实现由木工向画师转换的经历之地。在这里他不但师从画画的胡沁园、写诗文的陈少蕃,还参师了画山水的谭荔生。关于在这里的经历,齐白石叙述最详。胡沁园师的逝世,齐白石事后才闻讯赶来,他特地参酌旧作,选其师所曾欣赏者,绘出20幅画卷,在师傅坟前焚化,这是十分感人的情节。

胡仙圃（1873—？），名安均，字立夫，号仙圃，别号云庵，行九。胡沁园长子。胡羲圃（1884—1923），名安基，册名可，字仲熊，号熙甫、羲圃，别号朴庵，行十三，胡沁园次子。胡瀛洲（1892—？），名安树，字瀛洲，号（楠）庵，本系廉石、咨牧之胞弟，过继桐斋为子。

胡民钧（1834—1883），号乐园，别号元真子。与石门、瀛洲同为官伊后裔。著有《乐园诗集》，《㧅柴胡氏七修族谱》录其诗31首。

胡辅臣与胡沁园为兄弟，皆为王训（仲言）舅父。辅臣四子，长子震初、次子豫初（1868—1889）、季子晋初皆早故，三子复初（石庵）之长子、次子亦皆不及周岁而夭折，但其有后裔传世。

（二）白石辞典

韶塘，位于湘潭县竹冲乡境。离齐白石故居杏子坞20公里。胡沁园家乡。光绪十五年（1889）春，齐白石专程到韶塘拜会胡沁园。胡慧眼识珠，不仅收为门下，还请在家任教的陈少蕃授以诗文。同日，齐正式拜了胡、陈二位老师。

（三）白石行迹

1.《白石老人自述》中的描述

这位寿三爷，名叫胡自倬，号叫沁园，又号汉槎。性情很慷慨，喜欢交朋友，收了不少名人字画，他自己能写汉隶，会画工笔花鸟草虫，作诗也做得很清丽。他家附近，有个藕花池，他的书房就取名"藕花吟馆"，时常邀集朋友，在内举行诗会。人家把他比作孔北海，说是："座上客常满，樽中酒不空。"他们韶塘胡姓，原是有名的财主，但是寿三爷这一房，因为他提倡风雅，素广交游，景况并不太富裕，可见他的人品，确是很高的。我在赖家垅完工之后，回家说了情形，就到韶塘胡家。那天正是他们诗会的日子，到的人很多。寿三爷听说我到了，很高兴，当天就留我同诗会的朋友们一起吃午饭，并介绍我见了他家延聘的教读老夫子。这位老夫子，名叫陈作埙，号叫少蕃，是上田冲的人，学问很好，湘潭的名士。吃饭的时候，寿三爷又问我："你如愿意读书的话，就拜陈老夫子的门吧！不过你父母知道不知道？"我说："父母倒也愿意叫我听三相公的话，就是穷……"话还没说完，寿三爷拦住了我，说："我不是跟你说过，你就卖画养家！你的画，可以卖出钱来，别担忧！"我说："只怕我岁数大了，来不及。"寿三爷又说："你是读过《三字经》的！苏老泉，二十七，始发愤，读书籍。你今年二十七岁，何不学学苏老泉呢？"陈老夫子也接着说："你如果愿意读书，我不收你的学钱。"同席的人都说："读书拜陈老夫子，学画拜寿三爷，拜了这两位老师，还怕不能成名！"我说："三相公栽培我的厚意，我是感激不尽。"寿三爷说："别三相公了！以后就叫我老师吧！"当下，就决定了。吃过了午饭，按照老规矩，先拜了孔夫子，我就拜了胡陈二位，做我的老师。

2.齐白石诗歌中的描述

闻道韶塘似昔年，老翁行处总凄然。藕池深雪泥炉酒，谁为梅花醉欲颠。《看梅怀沁园师二首选一》

八、赖家垅

（一）史地阐述

赖家垅，地属竹冲。是齐白石早年做木工的主要场所，也是他命运转换的机遇之所。在这里，他听人介绍了胡沁园，又在这里初次见到了胡沁园。最终是胡沁园解决了他的生计问题，将他引入了绘画的生涯。从此，齐白石告别了匠人生涯，走上了大师的成材之路。

王训（仲言）之父王钧和（1840－1896），字筠村，册名锡铭。郡庠生。黎培敬督运河漕运时延为幕僚，回湘后执教为生。1881年自湘潭县青桥镇（王训出生地，位于涟水西北岸之泉塘境内，旧为湘潭与宁乡间一驿站，1972年毁镇改为水田，今已不存。1994年发现有"青桥"字样残碑）迁家于竹冲赖家垅王家湾屋场。葬柱塘铺排塘原胡氏义庄对面铁史坡，位五龙山西南面，距大杰寺约3华里。

赖家垅名绅赖宁武，有赖氏墓庐佑山堂，又称峭壁山房。光绪四年（1878）前后，王筠村曾应赖宁武之邀在此设馆，其子王训（仲言）亦随读。

王训元配齐氏（1870—1896），与王训1891年成婚。生二女，长女闰贞，次女殇。继配马氏（1876—1939），中路铺马昭兹之女，世居照墙老屋。1899年结婚，生二男一女，其长子泽霖夭。

王训长女闰贞（1892—1944），配齐白石次子良黻（子仁），民国二年（1913）十月初八子仁卒，留女掌珠，狒子贞子佛来。

王品丞亦赖家坨人。

王训1891年至1893年曾馆结塘湾胡次云宅。其子胡南浦；胡印潭（映潭），别号亦乐，自称其宅为乐园。但此乐园非茶坞胡育民父胡民钧之乐园。

王训1915年至1916年冬，曾由其弟子胡瑞征迎请馆于花石月英塘胡宅，塾馆位于罗汉山麓。与樊西屏同为塾师，两馆毗邻，樊授提孩，王授青年。

（二）白石行迹

1.《白石老人自述》中的描述

那年冬天，我到赖家坨衖里去做雕花活。赖家坨离我们家，有四十多里地，路程不算近，晚上就住在主顾家里。赖家坨在佛祖岭的山脚下，那边住的人家，都是姓赖的，衖里是我们家乡的土话，就是聚族而居的意思。我每到晚上，照例要画画的，赖家的灯火，比我家里的松油柴火，光亮得多，我就着灯盏画了几幅花鸟，给赖家的人看见了，都说："芝师傅不是光会画神像功对的，花鸟也画的生动得很。"于是就有人来请我给他女人画鞋头上的花样，预备画好了去绣的。又有人说："我们请寿三爷画个帐檐，往往等了一年半载，还没曾画出来，何不把我们的竹布取回来，就请芝师傅画画呢？"我光知道我们杏子坞有个绅士，名叫马迪轩，号叫少开，他的连襟姓胡，人家都称他寿三爷，听说是竹冲韶塘的人，离赖家不过两里多地，他们所说的，大概就是此人。我听了他们的话，当时却并未在意。到了年底，雕花活没有做完，留着明年再做，我就辞别了赖家，回家过年。

2.齐白石诗歌中的描述

挥麈清谈兴正增，到门剥啄叩忘应。客来不速龙天吽，人世多情马醉乘。诗品丹青杜子美，书宗科斗李阳冰。龙山七子皆年少，裘马何须羡五陵。《和仲言喜余过访原韵》

九、陈家垅

（一）史地阐述

石门岭，岭有一坳，为东西往来必经之道，山之东为竹冲，山之西称陈家垅。陈家垅是齐白石早年做木工常来之所，后来又结交当地文人，在此作画赋诗。

（二）白石行迹

1.《白石老人自述》中的描述

那时，我们师徒常去的地方，是陈家垅胡家和黎家。胡黎两姓，都是有钱的财主人家，他们家里有了婚嫁的事情，男家做床橱，女家做妆奁，件数做得很多，都是由我们师徒去做的。有时师傅不去，就由我一人单独去了。还有我的本家齐伯常的家里，我也是常去的。伯常名叫敦元，是湘潭的一位绅士，我到他家，总在他们稻谷仓前做活，和伯常的儿子公甫相识。论岁数，公甫比我小得多，可是我们很谈得来，成了知己朋友。后来我给他画了一张秋姜馆填词图，题了三首诗，其中一首道："稻粱仓外见君小，草莽声中并我衰，放下斧斤作知己，前身应作蠹鱼来"，就是记的这件事。

那时雕花匠所雕的花样，差不多都是千篇一律。祖师传下来的一种花篮形式，更是陈陈相因，人家看得很熟。雕的人物，也无非是些麒麟送子、状元及第等一类东西。我以为这些老一辈的玩意儿，雕来雕去，雕个没完，终究人要看得腻烦的。我就想法换个样子，在花篮上面，加些葡萄石榴桃梅李杏等果子，或牡丹芍药梅兰竹菊等花木。人物从绣像小说的插图里，勾摹出来，都是些历史故事。还搬用平日常画的飞禽走兽，草木虫鱼，加些布景，构成图稿。我运用脑子里所想得到的，造出许多新的花样，雕成之后，果然人都夸奖说好。我高兴极了，益发的大胆创造起来。

那时，我刚出师不久，跟着师傅东跑西转，倒也一天没有闲过。只因年纪还轻，名声不大，挣的钱也就不会太多。

2.齐白石诗歌中的描述

难遣英雄气,高吟狂且清。所思关国事,不朽重诗名。著述男儿分,干戈将士明。东山卧花月,梦不入苍生。《和立三偶感》

十、石 门

(一)史地阐述

胡廉石(1877—1951),名安澜,册名光,字廉石,号石门山人,晚号近园,一作静园,行十。拗柴胡氏亭午公之裔。居石门湖桥,亦作湖楼。有藏书室甘吉楼。胡廉石与王训(仲言)为从表兄弟。

胡咨牧(1884—1960),名安沚,册名元,字咨牧,号蕉庵,行十二(识二),别号真午山人。擅书法,与兄廉石同为名家。

石门岭,位于胡廉石宅东向。岭有一坳,为东西往来之孔道,山之东为竹冲,山之西为陈家坳,周围皆为胡氏聚居之所。

受胡廉石之托请,齐白石作有石门二十四景图。系据石门周边山水,由王仲言拟出二十四题并作诗二十四首,齐白石精心构思,三个月完成画稿。十年后,黎承礼与齐白石复题石门二十四景诗于画上。而王仲言二十四景诗只在其诗集中留下八首。

(二)白石行迹

1.《白石老人自述》中的描述

宣统二年(庚戌·一九一〇),我四十八岁。回家以后,自觉书底子太差,天天读些古文诗词,想从根基方面,用点苦功。有时和旧日诗友,分韵斗诗,刻烛联吟,往往一字未妥,删改再三,不肯苟且。还把游历得来的山水画稿,重画了一遍,编成借山图卷,一共画了五十二幅。朋友胡廉石把他自己住在石门附近的景色,请王仲言拟了二十四个题目,叫我画石门二十四景图。我精心构思,换了几次稿,费了三个多月的时间,才把它画成。廉石和仲言,都说我远游归来,画的境界,比以前扩展得多了。

民国四年（乙卯·一九一五），我五十三岁。五年（丙辰·一九一六），我五十四岁。乙卯冬天，胡廉石把我前几年给他画的石门二十四景图送来，叫我题诗。我看黎薇荪已有诗题在前面，也技痒起来，每景补题了一诗。

2.齐白石诗歌中的描述

余友胡廉石以石门一带近景，拭目二十有四，嘱余画为图册。此十余年前事也，未为题句。盖壬寅后不敢言诗。乙卯冬，廉石携此册索诗来借山，黎鸱衣已先我题于图册之上。余不禁技痒，因补题之。《题石门岭画册序》

（何歌劲，湖南大学杨度与近代中国研究中心聘请研究员，中国明史学会第六七八届理事会理事，湘潭市人大立法咨询专家。）

画吾自画自合古
——试析齐白石艺术创新的动力源泉

罗虹

摘要：在近现代中国画艺术史上，齐白石是一位从传统走上革新且取得巨大成就的艺术家。他由民间走来，经过"变法"，又将富有生活气息的民间艺术融进文人画中，创作出令人回味无穷的艺术情趣作品，为文人画的创作平添了勃勃生机的广阔空间。本文旨在分析齐白石艺术创新的重要动因，以及对齐白石取得艺术成就的历程进行分析和探讨。

关键词：齐白石；艺术创新；湖湘文化；书画篆刻

我国近代杰出的书画篆刻艺术家齐白石，由一个穷乡僻壤的牧童和木匠，经过数十年的刻苦自励，终于成长为誉满全球的艺术大师。他通过传承历练，自成一家，创造出诗书画印俱臻的艺术奇迹，书写了人生和艺术的双重传奇。齐白石的艺术灵光，不但照亮了中国的艺坛，也给世界文化宝库增添了不可替代的光彩。画家毕加索曾对张大千说："我不敢去你们中国，因为中国有个齐白石。"道出了齐白石在世界画坛的地位。

艺术贵在创新，齐白石的一生是在艺术上不断求变求新的一生。创新对于齐白石来说是他艺术成功的第一要素。突出表现在他的民间画与文人画的有机结合；传统艺术元素与现实生活的有机结合；意象与具象的有机结合；写意与工笔的有机结合；固有题材与新题材的有机结合；大雅与大俗的有机结合；乡愁与童趣的有机结合；诗书画印与他的大开合的思想有机结合等等。

齐白石艺术为什么能不断创新开拓且历久弥新，经久不衰，其动力是什么？

一、穷则思变，变则通，通则久，是齐白石艺术创新的重要动因

鸦片战争以后，我国沦为半封建半殖民地国家，内忧外患，积贫积弱，广大农民更是处于水深火热之中。面对贫穷困苦和压迫，有的自发地或组织起来进行斗争，将命运掌握在自己手中；有的通过不懈的努力和进取，在事业上孜孜以求，改变自己的地位和命运；还有一种是将自己的命运寄托于神灵，忍受着贫穷和苦难。

齐白石是属于第二种类型的乡下人，他生长在贫苦农民家庭，一遇天灾，经常是吃了上顿没下顿。齐白石在《白石老人自述》中写道："穷人家的孩子，能够长大成人，在社会上出头的，真是难若登天，我是穷窝子里长大的……一家人对付着活下去。"

八岁时，齐白石读了不到一年的私塾，他十分喜爱读书，经常手不释卷，但家里缺少劳力做事，齐白石只好辍学，在家放牛砍柴。

生活是艰难的，但磨炼了齐白石的意志，他更执着地追求一切美好的东西。齐白石十五岁时学粗木工，劳动强度大，收入少。为改变这一现状，他另拜师学做雕花工，并在实践中改变雕花刀法，丰富雕花图案，在继承传统的基础上有了新的变化和突破，深受乡亲们的赞赏。齐白石开始尝到了创新的甜头，慢慢形成了要立足社会，就必须不断进取的观念。这时的齐白石已不满足于做手艺的现状，在工余如饥似渴地学习书画篆刻和诗文，希望自己能成为一个有文化的艺人，实现由穷变富的愿望。经过多年的不懈努力，逐步走上了职业书画篆刻家的道路。

齐白石的艺术创作和生活境遇并非一帆风顺。为了躲避家乡匪乱，五十七岁

的齐白石只身来到北京，寄居寺庙，靠卖画刻印为生。但因其作品走的是八大冷逸一路，不为京人所喜，卖画生意寂寥，只得靠刻印艰难度日。为了生计，同时为了追求"超凡之趣"，年近六十的齐白石以"饿死京华，公等勿怜"的决心，付出了异乎常人的精力和代价，开始了变革和创新。他认真研究明清以来诸家文人画作的特质，取各家精华，如徐渭的恣肆、八大的简练、石涛的多变、金农的奇逸、赵之谦的冷艳、吴昌硕的雄浑，都能在齐白石的作品中得到体现。同时，齐白石将早年熟悉和掌握的民间绘画营养熔于一炉，形成自己独特的艺术个性，实现了继往开来、推陈出新的创新，成为穷则思变、变则通、通则久的典范。

二、湖湘文化的熏陶和影响，是齐白石艺术创新的根基

湖湘文化是唐宋以来构建并得到延续的一种文化形态，至今已有一千多年。它保留着儒家经典，同时吸纳了佛道两家的宇宙哲学和思辨方法，结合湖湘本土文化传统和湖南人朴实勤奋、劲直勇悍、好胜尚气、不信邪恶的特质，促使湖湘文化演变为一个具有地方特色和历史传承的地域文化。

齐白石在外祖父那里读了近一年的私塾，熟读《三字经》《千家诗》，开始了湖湘文化的启蒙教育。辍学后，他白天干活，晚上总要找些书读。后又拜师学艺，从好几位民间艺人和文人士绅那里受到湖湘文化的影响和熏陶。在此同时，他与同道好友组织了"龙山诗社"，参加"罗山诗社"，晤叙诗画，交流心得，研讨文化内涵。湖湘文化中坚毅果敢、敢为天下先的创新精神，深深注入青年时期齐白石的骨髓，成为他一生"吃得苦，耐得烦，霸得蛮"永不服输的独特秉性，造就了他意志上更坚强、事业上更专一的坚韧脾性。正如他自己主张的"要我行我道，下笔要有我法"。

三、名师的指点和教诲，是齐白石艺术创新不可缺少的因素

人生的成长和事业的成功，除了天赋和勤奋以外，名师的指点和教诲弥足珍

贵，特别是在人生的关键节点，有老师相知相助，更能坚定前行的方向和目标，不断攀登。

齐白石在做雕花木匠时，遇到了乡绅胡沁园，他不仅教齐白石读书和绘画，还介绍自己的朋友教齐白石的诗文和画山水。并将珍藏的书画名作给齐白石观摩学习。在胡沁园的鼓励和提携下，齐白石迈出了艺术生涯决定性的一步，逐步完成了从木匠到民间画师再到文人画家的蜕变。齐白石和胡沁园的相遇，应该说是齐白石人生中第一个重要的转折点。齐白石曾在诗中写道："村书无角宿缘迟，廿七年华始有师。灯盏无油何碍事，自烧松火读唐诗。"

清末，湘潭出了一位有名的经学家和文学家王闿运，袁世凯曾慕名邀请他担任国史馆馆长。王闿运回乡后，齐白石经常带上他的作品请王闿运评阅，拜王为师，受到王闿运的赞赏和悉心传授，鼓励齐白石扎实读书，打好根基。

齐白石来到北京后，结识了著名书画家和书画教育家陈师曾，陈看了齐白石的画作后，勉励他"吾画自画自合古，何必低首求同群"，劝齐白石自创风格，不必求媚世俗。齐白石非常感动，十分认同，开始了长达十年的"衰年变法"，终得扫除凡胎，画风和艺术境界发生了质的飞跃，创造出大写意红花墨叶一派的艺术风格，实现了以今润古，又借古创新的理念，给人以清新、明朗、简练和生机勃勃之感。

四、"五出五归"，是齐白石艺术创新的重要契机

清人梁绍壬在《两般秋雨庵随笔》卷五中提到"读万卷书，行万里路"。这对于一个艺术家来说，是有无建树的关键。

读万卷书，一直是齐白石努力的目标。多少年来，他孜孜不倦，每日不辍，以增加自己的书本知识，诗文均形成了清新、质朴的风格。但四十岁前，他都在家乡各地，为了生计，来来往往，每到一地，也不过稍稍停留，得到一点润笔的钱，就拿回去奉养双亲，抚育妻儿。齐白石这无论在眼界上，还是在学习上，都受到局限。

1902年秋，齐白石收到在陕西做官的朋友夏午诒的来信，想请齐白石教他的夫人学画，并寄来了旅差费。不久，他又接到友人郭葆生西安来信，信中说："无论作诗作文，或作画刻印，均须于游历中求进境。作画尤应多游历，实地观察，方能得其中之真谛"。友人的来信，燃起了齐白石外出看看大千世界，领略大好河山的激情。从1902年至1909年，齐白石经历了五出五游，宏伟秀丽的华夏山川和历朝历代的名胜古迹碑刻墨宝，给他留下了难以忘怀的印象。他从大自然和名胜古迹中寻求灵感与妙悟，在远游中广交朋友，拓宽了对生活，对诗书画印的认识，胸襟和眼界愈加宏阔。由此，齐白石结束了民间艺人的时代，开启了他文人画家的艺术生涯。齐白石在自述中曾说道："人家说我出几次远门，作画写字刻印章，都变了样啦，这确是我改变作风的一大枢纽。"

五、乡恋乡愁，是齐白石艺术创新取之不尽的源泉

齐白石长期生活在农村，对自己经历过的农村生活有着刻骨铭心的情感，对家乡的风光风物风情风俗怀着深深的眷恋。齐白石有这样一枚印文："故里山花此时开也"，他常用的另一枚印章是："中国长沙湘潭人也"，可见他对故乡深厚的感情。因此，他的书画题材，多取自故乡大自然中的风情风物，正如他自己所说："为百花写照，为百鸟传神。"

齐白石一生共创作三百余种类的艺术题材和三万多幅画作，几乎没有一样不是人民群众所熟悉且喜爱的。古今中外，能画出这样多的农村风光风物和花鸟虫鱼的画家实属罕见。特别是他独树一帜，大胆地将柴耙、粪箕、锄头、算盘、秤杆、蓑衣、斗笠、扁担之类农具和日常用品纳入他的绘画创作之中。他在《柴耙》画幅中题道："余欲大翻陈案，将少小时所用过之器物一一画之"。过去作为"风雅"的画家，一般认为这些是不能登大雅之堂的"俗物"，而齐白石毫无世俗的偏见，对于这些司空见惯的农村风物，始终以亲切的感情再现于笔底，赋予生动的艺术形象，变"俗物"为接地气的艺术精品，拓展了中国书画的广阔空间，充分体现齐白石在艺术探索上敢为人先、一往无前的宏大气魄与胆识。

齐白石居住北京数十年，时刻梦魂牵绕家乡的一切，自始至终坚守田园秉性，这正是齐白石保持旺盛创造力的重要原因，齐白石艺术创新的源泉，也是齐白石作品最具魅力的精华所在。齐白石诗书画印艺术是他的人生轨迹，是他前进道路上一个个里程碑，也是一首首发自他内心的生活咏叹诗。齐白石，一位继承传统而不拘于传统，勇于创新而又遵循艺术规律承前启后的大智大勇者，近现代对中国书画篆刻文化传统进行了革命性创新的艺术大师。

（罗虹，湘潭市齐白石纪念馆展览部主任）

湘潭齐白石纪念馆藏齐白石师友弟子作品选

藏品名称：王壬秋自书诗（蜀江咏史三首）
作者：王闿运（王壬秋）
类别：书法
尺寸：26cm×169cm
创作时间：年代不详
题款：公度仁兄两正 闿运
钤印：湘绮老人八十三岁以后作

蜀江咏史三首

楚人捕蛇蒉垂百战连兵问
鼎雄东归晋师迎未
可禹铸夏水浮江石剐秦兵
四月烧炎陵巫相怪容旦珠儒
寿春城肥如春水居原含冤宋
玉光平托梦高名好雨散风
辕十二峰瑶姬泪滴阳雲半
睛气问鼎入中原徽同僻財不
王渝芙歆江漢翰郑俊巳兄沮沙
印庚寅王以高
廓苍螭才人天孫嫁河妓一記
想終百年波齡蔦花石低語君不
見平女末尚長卿時容草绝生今作酒
人妻良史晚商归重伏筆底琴心春
壁一朝比翼上青霄開下事倖
孌美仓俠亦部四駒馬高好知時
克勝銳刀击未忐士四此臘高
遣毅攒之置軍郡作今諴去殺
有如兄戎天下士綿水篤譽不殉飛
寿末江上雪以锛到意寸名石久天
五午惨仕的高幸华的仕下絢光
建那有陵邛一两墟
秦軍取蜀烧炎陵夫人工峡烧蜀

藏品名称：扇面
作者：樊增祥（樊樊山）
类别：书法
尺寸：26cm×51cm
创作时间：1928年
题款：刀光如雪洞房秋　信有人间作堵愁　烛影摇红郎半醉　合欢床上梦荆州　子衡先生疋属　增祥
印章：嘉（朱文）

湘潭齐白石纪念馆藏齐白石师友弟子作品选

作品名称：山水
作者：胡佩衡
类别：中国画
尺寸：76cm×28cm
创作时间：1985年
题款：日暮空江上　浓烟失远村　遥看千里外　疑有远帆痕（去）乙丑五月穉庭先生雅属　冷庵胡衡写
印章：冷庵（白文）　佩衡（白文）

湘潭齐白石纪念馆藏齐白石师友弟子作品选 | 193

藏品名称：人物
作者：叶浅予
类种：中国画
尺寸：66.5cm×60.5cm
创作时间：1983年
题款：为齐白石纪念馆作　一九八三冬　叶浅予
印章：浅予（朱文）

湘潭齐白石纪念馆藏齐白石师友弟子作品选 | 195

藏品名称：梅花
作者：周怀民
类别：中国画
尺寸：80cm×50cm
创作时间：1983年
题款：白石老人生前曾为余用乾隆纸作蔬果图一幅 笔墨新颖余宝若拱璧 文革之乱被窃不胜惋惜 是岁值湘潭齐白石纪念馆开幕 因写此画以誌敬仰 癸亥秋日周怀民于西海
印章：周怀民（白文） 水云阁（朱文）

藏品名称：篆書
作者：陈大羽
类别：书法
尺寸：135cm×67.5cm
创作时间：1993年
题款：癸酉五月陈大羽重过湘潭　时年八二
印章：陈大羽（白文）　大年（朱文）

湘潭齐白石纪念馆藏齐白石师友弟子作品选 | 199

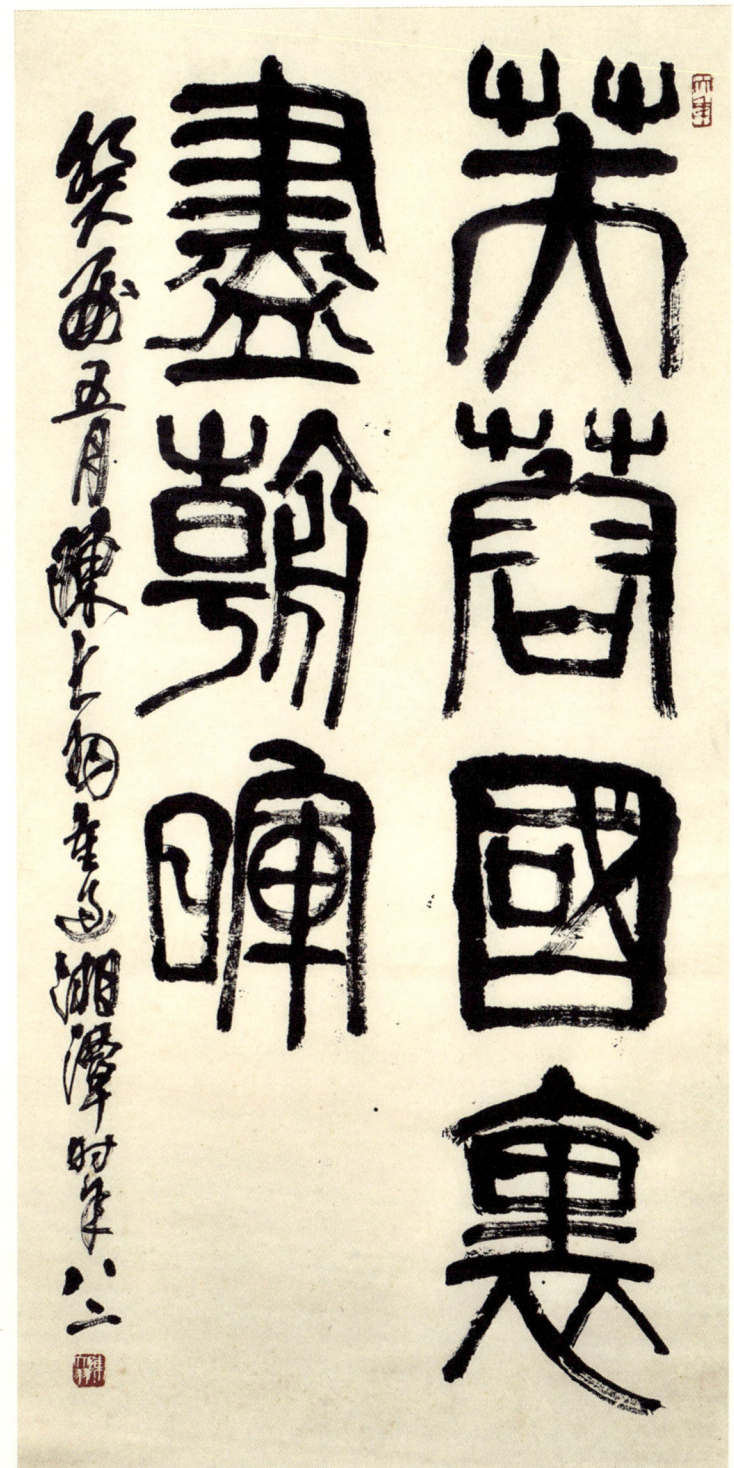

藏品名称：葫芦
作者：程莉影
类别：中国画
尺寸：130cm×66cm
创作时间：1984年
题款：白石纪念馆惠存 一九八四年 一月三日 程莉影写于湘潭
印章：程莉影（朱文） 襄阳女史（白文）

藏品名称：紫藤
作者：程莉影
类别：中国画
尺寸：80cm×48.5cm
创作时间：1983年
题款：湘潭齐白石纪念馆惠存　癸亥冬程莉影于北京
印章：程莉影（朱文）　襄阳文士（朱文）

湘潭齐白石纪念馆藏齐白石师友弟子作品选

藏品名称：万年青
作者：崔子范
类别：中国画
尺寸：92cm×89cm
创作时间：2001年
题款：万年青 二〇〇一年 子范
印章：崔子范（白文） 崔子范（朱文）

湘潭齐白石纪念馆藏齐白石师友弟子作品选 | 205

藏品名称：和平
作者：傅石霜
类别：中国画
尺寸：80cm×52cm
创作时间：1991年
题款：辛未白石翁弟子石霜
印章：大将门下（朱文） 石霜（白文）

湘潭齐白石纪念馆藏齐白石师友弟子作品选

藏品名称：蕉石金鱼图
作者：韩不言
类别：中国画
尺寸：114cm×48cm
创作时间：1983年
题款：细雨鱼儿出 癸亥年冬 病目试画 白石老师诚意奉赠 湘潭齐白石纪念馆以誌怀念 燕京弟子韩不言册题
印章：韩（白文） 不言（朱文） 白石门下（白文）

湘潭齐白石纪念馆藏齐白石师友弟子作品选

藏品名称：菊花（镜片）
作者：胡絜青
类别：中国画
尺寸：67cm×45cm
题款：餐英能益寿　絜青作
印章：胡絜青（白文）　双柿斋主（朱文）

湘潭齐白石纪念馆藏齐白石师友弟子作品选

藏品名称：行书
作者：胡橐
类别：书法
尺寸：65cm×39cm
题款：唐李白句　橐也　洪亮同志正之
印章：胡橐之印（白文）　有心无心（朱文）

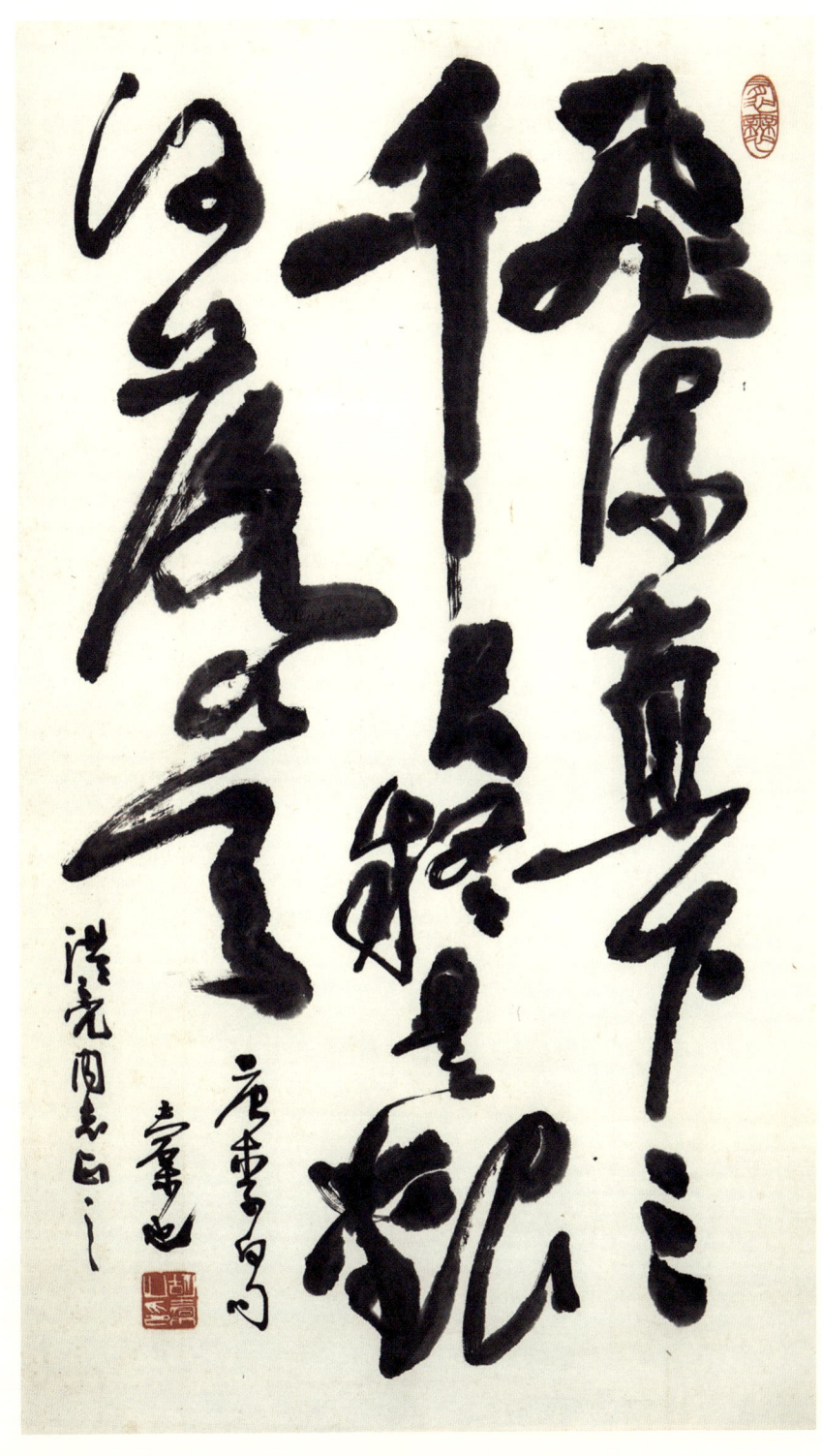

藏品名称：行书
作者：胡橐
类别：书法
尺寸：115cm×33cm
题款：陈毅同志咏三峡句　橐也书
印章：无印章

湘潭齐白石纪念馆藏齐白石师友弟子作品选

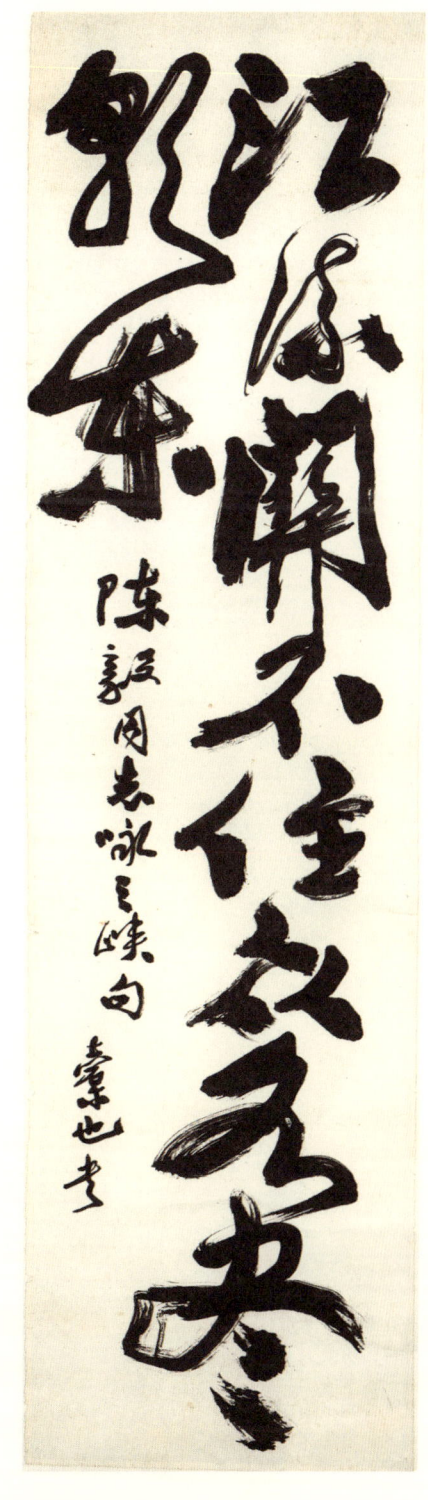

藏品名称：草书
作者：胡橐
类别：书法
尺寸：98cm×25.5cm
题款：宋晏殊诗句 橐也书
印章：胡橐之印（白文） 墨戏（朱文）

湘潭齐白石纪念馆藏齐白石师友弟子作品选

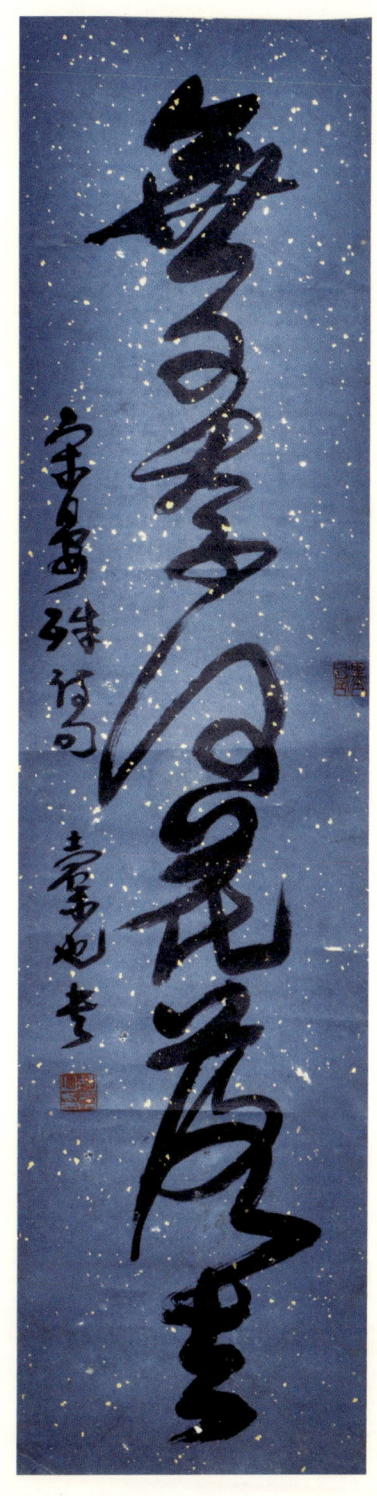

藏品名称：篆书对联
作者：黄苗子
类别：书法
尺寸：133.5cm×32.5cm
创作时间：1983年
题款：癸亥之冬为湘潭白石老人纪念馆书 后学黄苗子
印章：苗子（白文）

湘潭齐白石纪念馆藏齐白石师友弟子作品选

藏品名称：草書诗
作者：黄苗子
类别：书法
尺寸：134cm×66cm
创作时间：1984年
题款：白石老人诞辰一百二十周年纪念　集借山吟馆诗句得七绝二首　书为湘潭白石老人纪念馆留念　一九八四年一月一日　后学黄苗子
印章：来甘室（白文）　烟雨（朱文）　苗子（白文）　黄（白文）

汉隶以下士人无刻无精思，扫除我法防之疲，茅口写大江南北，扺今堂垩堊生，画致传名诗鬻秋来，过直风尘去最难，堇此老今时中，因只萍翁

白石老人诞辰一百二十周年纪念集借山吟馆诗句写七绝三首书为
湘潭白石老人纪念馆留念
一九八四年一月一日 後學 麦曾？

藏品名称：映日荷花别样红
作者：李立
类别：中国画
尺寸：122cm×33cm
创作时间：1993年
题款：映日荷花别样红　湘潭齐白石纪念馆惠存　岁次癸酉白石门外李立
印章：李（朱文）　立翁（白文）　石画门（朱文）　大匠门外（白文）

湘潭齐白石纪念馆藏齐白石师友弟子作品选

藏品名称：水仙
作者：李立
类别：中国画
尺寸：135cm×68cm
创作时间：1993年
题款：神仙图 水仙非仙一尘不染 临风摇曳自成仙也 恩师白石大师纪念馆落成誌喜 岁次癸酉一九九三年五月廿四日 石庵李立敬绘 并篆神仙图三字
印章：李（朱文） 立翁（白文） 大匠门外（白文）

湘潭齐白石纪念馆藏齐白石师友弟子作品选 | 225

藏品名称：书法
作者：李立
类别：书法
尺寸：68cm×138cm
创作时间：2005年
题款：白石师诗题友人冷庵画卷　对君斯册感当年　撞破金瓯国可怜　灯下再三挥泪看
　　　中华无此整山川　长沙八十叟李立敬篆
印章：天地为师（朱文）　长沙（白文）　甲申猴年大吉（白文）　李（朱文）

湘潭齐白石纪念馆藏齐白石师友弟子作品选

藏品名称：印拓
作者：李立
类别：印谱
尺寸：34cm×136cm
创作时间：2005年
题款：文天祥正气歌选拓　长沙八十叟李立自题
印章：李立（朱文）

湘潭齐白石纪念馆藏齐白石师友弟子作品选 | 229

藏品名称：雄鸡
作者：卢光照
类别：中国画
尺寸：133cm×67cm
创作时间：1984年
题款：湘潭市齐白石纪念馆存之　一九八四年元月三日　卢光照于湘潭
印章：无情无义（白文）　卢光照（白文）

藏品名称：松鹤
作者：卢光照
类别：中国画
尺寸：134.5cm×67cm
创作时间：1983年
题款：湘潭齐白石纪念馆惠存 癸亥十二月廿五日为先师白石老人一百二十周年诞辰 弟子卢光照画以纪念
印章：癸亥（朱文） 白石弟子（朱文） 卢光照（白文）

湘潭齐白石纪念馆藏齐白石师友弟子作品选

藏品名称：青蜓
作者：藤原楞山
类别：中国画
尺寸：128cm×33cm
创作时间：1981年
题款：青蜓 一九八一年 楞山画
印章：楞山画印（白文）

湘潭齐白石纪念馆藏齐白石师友弟子作品选 | 235

藏品名称：书法
作者：藤原楞山
类别：书法
尺寸：134cm×40cm
创作时间：1980年
题款：老师一丘草 若辈已白发
齐隐闹君正之 一九八〇年八月？夕于骆驼湾此词楞山
印章：藤氏楞山（白文）

湘潭齐白石纪念馆藏齐白石师友弟子作品选

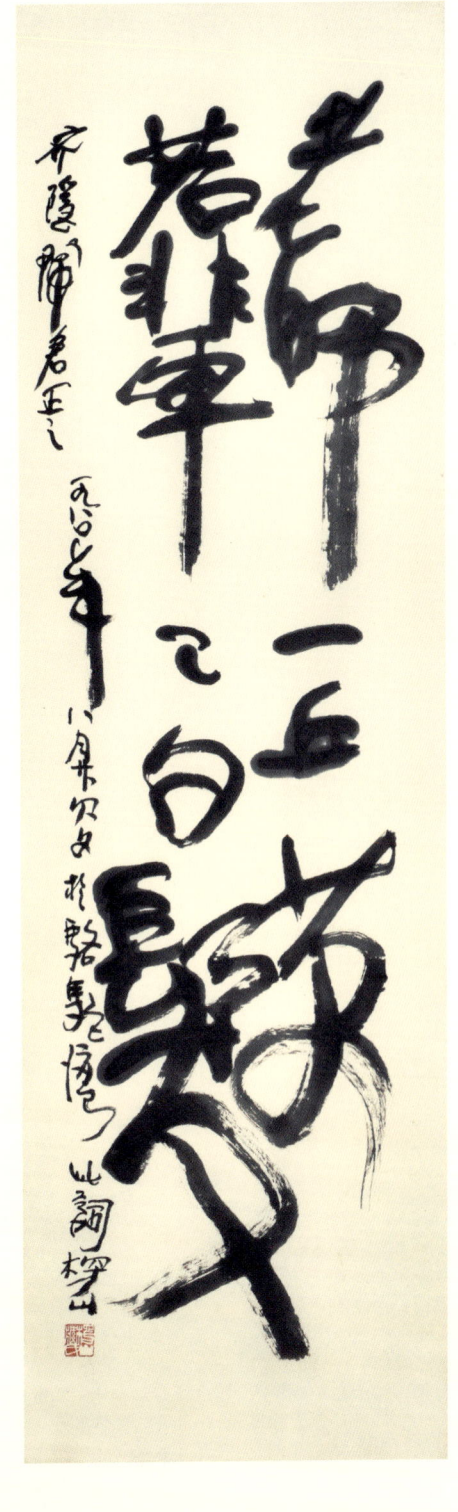

藏品名称：鲤鱼图
作者：王板哉
类别：中国画
尺寸：68cm×49cm
创作时间：1983年
题款：忆昔负笈游幽燕　惟吾齐师恩如山　立雪程门恍似昨　不觉白发忽盈颠　四十年来负师望　愧将习作寄堂前　呈齐白石纪念馆惠存　癸亥秋　山左板哉王兆均客扬州第卅四载
印章：王兆均（白文）　半憨（朱文）

藏品名称：行草
作者：王板哉
类别：书法
尺寸：68cm×44cm
创作时间：1988年
题款：戊辰夏山左王板哉年八十又二书
印章：山左王氏（白文）　板哉（白文）

霜净胡天夜牧马,月明羌笛戍楼间。借问梅花何处落,风吹一夜满关山。高适诗 戊辰夏山石之秋裁军八十又二书

藏品名称：寿而康
作者：王天池
类别：中国画
尺寸：67.5cm×46cm
题款：韩愈句 黄山老人 恩师齐白石纪念展览馆 永藏
印章：老王（朱文） 黄山（朱文） 天池（白文） 人长寿（白文）

湘潭齐白石纪念馆藏齐白石师友弟子作品选

藏品名称：芙蓉图
作者：王天池
类别：中国画
尺寸：118cm×77.5cm
创作时间：1983年
题款：清香晨风远　瀑彩寒露浓　癸亥秋白露气爽腕快　黄山老人一挥　恩师齐白石纪念馆永藏
印章：天池（朱文）　黄人（白文）　秋色佳（朱文）

湘潭齐白石纪念馆藏齐白石师友弟子作品选 | 245

稿　约

　　《大匠之门·齐白石研究》系湘潭齐白石纪念馆于 2004 年创办的以齐白石研究为主要内容的学术丛刊。从 2016 年起，齐白石纪念馆成立研究部，以弘扬齐白石艺术精神、提升齐白石研究学术品质为宗旨，决定对本刊进行提质改版，由湖南人民出版社公开出版。

　　齐白石纪念馆是齐白石家乡湘潭市人民政府在编的法人单位，同时也是对齐白石艺术生平进行全面研究和陈列的重要学术机构。《大匠之门·齐白石研究》涉及齐白石艺术生平的方方面面，同时侧重齐白石前半生以及与湖湘文化的渊源研究。为此，我们诚挚邀请您为本刊赐稿，稿件一经刊用，即呈样书及稿酬，优稿优酬。为保证本刊的学术品质，稿件要求为原创文章，未曾公开发表。

　　来稿请寄《大匠之门·齐白石研究》编辑部。
　　邮箱：283786554@qq.com
　　电话：0731-58623893
　　地址：湖南省湘潭市雨湖区大湖路2号
　　邮编：411100
　　网址：http://www.qibaishi.org.cn

本作品中文简体版权由湖南人民出版社所有。
未经许可，不得翻印。

图书在版编目（CIP）数据

大匠之门·齐白石研究.第十二辑 / 湘潭齐白石纪念馆编. —长沙：湖南人民出版社，2021.11（2022.9）

ISBN 978-7-5561-2818-1

Ⅰ.①大… Ⅱ.①湘… Ⅲ.①齐白石（1863—1957）-人物研究 Ⅳ.①K825.72

中国版本图书馆CIP数据核字（2021）第225962号

DAJIANG ZHIMEN QIBAISHI YANJIU （DI SHIER JI）

大匠之门·齐白石研究（第十二辑）

编　　者	湘潭齐白石纪念馆
责任编辑	李蔚然　曹伟明
装帧设计	王奇志

出版发行	湖南人民出版社［http://www.hnppp.com］
地　　址	长沙市营盘东路3号
邮　　编	410005
经　　销	湖南省新华书店
印　　刷	湖南金太阳印刷有限公司
版　　次	2022年9月第1版
印　　次	2022年9月第1次印刷
开　　本	787 mm × 1092 mm　1/16
印　　张	16
字　　数	256千字
书　　号	ISBN 978-7-5561-2818-1
定　　价	158.00元

营销电话：0731-82221529　　（如发现印装质量问题请与出版社调换）